KREATIVE HANDARBEITEN

Quilts

Anleitungen für 24 original Quilts

KREATIVE HANDARBEITEN

Quilts

Anleitungen für 24 original Quilts

Annette Claxton

nebel
SACHBUCH

Genehmigte Sonderausgabe für
Nebel-Verlag, Erlangen-Utting, 1996

Titel der Originalausgabe: Quick Quilts
Übertragung aus dem Englischen: Monika Harand-Krumbach
Lektorat: Anja Silvia Frank

Inhalt

Einleitung

Traditionelles Patchwork und Quilten sind sehr schöne, aber auch arbeitsintensive Handarbeiten. In diesem Buch haben wir uns bemüht, die Techniken auch für Leute mit knapp bemessener Zeit aufzubereiten. Ganz außergewöhnlich ist die Kombination der Näharbeiten mit Stoff- und Seidenmalerei, Stoffärben sowie verschiedenen Stoffdrucktechniken, wodurch sich zusätzliche, ganz neuartige Gestaltungsmöglichkeiten ergeben.
Lesen Sie vor dem Arbeiten immer erst alle Anleitungen genau durch. Halten Sie sich genau an die angegebenen Maße. Es ist sehr wichtig, vor dem Verarbeiten alle Stoffe zu waschen: Baumwolle läuft manchmal ein und würde sonst den fertigen Quilt verziehen. Außerdem kann der Stoff ausfärben. Schneiden Sie alle Webkanten ab. Sie sind fester gewebt und könnten ebenfalls Ausbeulungen verursachen.
Arbeiten Sie genau und verlieren Sie nicht die Geduld. Fehler sollten sofort ausgebessert werden.

FÜR DEN ANFANG

Viele Fachbegriffe und Arbeitsschritte sind für Anfänger ungewohnt. Machen Sie sich daher zunächst mit den hier aufgeführten Grundbegriffen vertraut.

Applikation ist das Aufnähen dekorativer abstrakter oder figürlicher Stoffmotive auf eine größere Stoffbahn. Die kleinen Muster können per Hand oder Maschine befestigt werden. Meist sind sie durch Haftvlies (Vlieseline oder aufbügelbares Vliesofix) auf der Rückseite verstärkt.

Block ist die im Deutschen oft übernommene englische Bezeichnung für die „Untereinheiten" des Patchwork: Meist werden viele unterschiedliche Flicken zu größeren Quadraten – eben Blocks – mit gleichem Muster arrangiert, die dann zusammengenäht den Quilt ergeben.
Die gebräuchlichste Seitenlänge ist 30 cm. Die Blocks werden je nach Technik mit oder ohne Saum gearbeitet.

Bügeln von fertigen Teilen während des Arbeitens ist für die Wirkung sehr wichtig und erfordert eine spezielle Technik. Stellen Sie ein Bügelbrett mit Dampfbügeleisen nahe bei der Nähmaschine auf und benutzen Sie es zwischen den einzelnen Schritten immer wieder. Es lohnt sich!

Der fertige Quilt sieht viel professioneller aus, als wenn Sie erst zum Schluß das gesamte Stück bügeln (Techniken siehe Seite 100/101).

Einfassungen umrahmen den fertigen Quilt an den Außenkanten. Sie können unterschiedlich breit und mit verschiedenartigen Ecken ausgeführt sein (siehe Seite 102/103). Durch einen breiten Außenrahmen läßt sich der Quilt auch auf elegante Art vergrößern, falls Sie dies wünschen. Bedenken Sie aber, daß ein rundum verlaufender Rahmen das Ganze stark verändert. Der Stoff – besonders wenn er als Bettdecke gedacht ist – darf auch nicht zu groß geraten. Manchmal ist es besser, eine weitere Musterreihe anzusetzen.

Fadenlauf gibt an, wie der Stoff gewebt ist. Die „Kette" läuft vertikal, der „Schuß" horizontal. Manchmal verzieht sich das Gewebe beim Bedrucken, so daß die Muster nicht exakt liegen. Dann muß man sich irgendwie behelfen. Normalerweise aber schneidet man direkt am Fadenlauf entlang. Die Ober- und Unterkante des Quilts sollten möglichst mit Schußfäden enden.
Wenn Sie den Stoff diagonal schneiden, ergibt sich eine sehr viel dehnbarere Kante als bei vertikalem oder horizontalem Schnitt. Abgerundete Säume lassen sich mit diagonalen Stoffstücken leichter herstellen. An den Seiten eines Quilts können durch diagonalen Zuschnitt allerdings leicht Verzerrungen auftreten.

Maßangaben und ein Schnittplan ermöglichen die genaue Berechnung des Stoffverbrauchs. Wenn Sie gemusterte Stoffe verwenden wollen, achten Sie darauf, ob das Dessin beliebig ausgeschnitten werden kann oder in eine Richtung läuft. Auch hier gilt die Regel: Lieber erst zweimal messen, bevor man schneidet.

Patchwork bezeichnet meist eine Nähtechnik, in der kleine geometrische Flicken zu größeren Einheiten zusammengenäht und anschließend nochmals zu größeren Mustern verbunden werden. Manche Patchworkmuster sind seit über hundert Jahren in Gebrauch und sogar schon auf alten Bildern verewigt. Unter Patchwork versteht man auch – im Gegensatz zum gefütterten, mehrlagigen Quilt – oft eine einfache Stofflage.

Quilten nennt man das Zusammenfassen der drei Stoff- bzw. Futterschichten in einem Quilt durch Steppnähte. Diese ergeben ein regelmäßiges Muster. Mit der Hand ausgeführte Nähte zeigen kleine punktartige Stiche. Die Nähmaschine macht lange, durchgehende Stichreihen und ist natürlich viel schneller.

Quilts bestehen aus zwei Stoffbahnen mit einer Schicht Wattierung dazwischen. Die obere Stofflage kann aus einem Patchwork-Stoff oder ungemustertem Material bestehen. Als Futter oder Füllung eignet sich Vlies jeder Art, Polyester- oder Baumwollwattierung oder einfach eine dritte Stofflage. Die Rückseite besteht meist aus schlichten, ungemusterten Stoffbahnen, gelegentlich aber ebenfalls aus Patchwork.

Rahmen dienen zum Säubern der Stoffkanten des Patchwork. Hierzu wird ein gerade oder diagonal zum Fadenlauf zurechtgeschnittenes Stoffband verwendet. Es kann aus demselben Material wie die äußersten Muster bestehen oder die innenliegenden Stoffmuster wiederholen. Der Rahmen darf auch aus bunten Stoffresten geschnitten sein und gibt dem Design zusätzliche Spannung.

Säume sind ein wichtiges Thema: Für alle Schablonen, mit denen Flicken ausgeschnitten werden, muß rundum eine Saumzugabe von knapp 8 mm berechnet werden. Beim Arbeiten mit Seide sollte der Saum noch etwas breiter sein, da die Schnittkanten leicht ausfransen. Wenn die Flicken mit Hilfe von Schablonen zugeschnitten werden, nähen Sie auf der markierten Randlinie. Falls die Schablonen allerdings die Nahtzugabe bereits enthalten, sollte der Maschinenfuß an der Schnittkante entlang geführt werden, so daß sich ein Saum von knapp 8 mm (in den englischsprachigen Originalen ist meist vom 7,5 mm die Rede) ergibt. Manche Maschinenfüße können genau auf ein bestimmtes Maß eingestellt werden. Achten Sie beim Ansetzen der Nadel darauf, daß sie genau im richtigen Abstand zur Schnittkante des Stoffes liegt und alle Säume gleich breit sind. Wenn nicht anders angegeben, sind Säume in den Maßangaben bereits einberechnet.

Schablonen sind nützliche Hilfsmittel zum Ausschneiden von Flicken oder Applikationsmotiven. Die Vorlagen für die Schablonen werden auf Karton oder Plastik übertragen, damit sie immer wieder benutzt werden können (Seite 97).

Schnittmuster dienen in diesem Buch dazu, den Stoff möglichst ohne viel Abfall zu unterteilen. Oft ist man versucht, einfach drauflos zu schneiden, und behält dann nicht mehr genug Stoff für die Rahmen übrig.

Verwenden Sie eine spezielle Stoffschere (bitte nicht zum Papierschneiden zweckentfremden, sonst wird sie schnell stumpf).

Umrahmungen werden manchmal um die einzelnen Stoffflicken angebracht. Meist sind sie etwa 8 cm breit, doch auch andere Größen sind möglich. Durch solche Umrahmungen können Muster vergrößert werden. Sie können aus kontrastierenden Stoffen gearbeitet werden oder bereits verwendete Muster wiederholen.

Wholecloth („ein Stoff") ist eine besonders in Britannien verbreitete Technik, bei der nur eine einzige Stoffart für den Quilt verwendet wird. Das Muster entsteht also hauptsächlich durch die Form der Flicken und die Art des Zusammennähens. Die fertigen Stücke wirken ruhiger als Quilts aus vielen unterschiedlich gemusterten Stoffen. Die traditionellen Dessins werden oft von der Mutter an die Tochter weitergegeben.

MATERIAL UND HILFSMITTEL

Stoffe Der zum Quilten verwendete Stoff sollte immer zuerst gewaschen und gebügelt werden. Die Stoffbahnen haben unterschiedliche Breite (meist zwischen 80 und 120 cm). Speziell für Patchwork können Sie auch vorsortierte Flicken oder Stoffquadrate kaufen. Ideal ist reiner Baumwollstoff: Er bildet keine Flusen, ist einfach zu handhaben, erlaubt exakte Säume, ist leicht zu waschen und trägt sich gut. Baumwolldrucke oder auch leichter Gardinenstoff bieten sich an.

Stoff für die Rückseite Verwenden Sie auch für die Rückseite Ihres Quilts möglichst reinen Baumwollstoff. Bettuchstoff ist zwar schön breit, aber sehr dicht gewebt und weder per Hand noch mit der Nähmaschine einfach zu verarbeiten. Wenn Sie die Rückseite aus einer einzigen großen Stoffbahn arbeiten können, sparen Sie viel Zeit. Gute Baumwollstoffe werden auch doppelt breit (d. h. der Stoff liegt doppelt auf dem Ballen) – bis etwa 160 cm Breite – verkauft. Schmalere Stoffbahnen für große Rückenteile können Sie natürlich auch aneinandernähen (siehe Seite 103). Auch der Rückenstoff wird vor dem Verarbeiten immer gewaschen, damit er später nicht mehr schrumpft oder ausfärbt.

Futter Die Zwischenschicht zwischen Deck- und Rückenstoff gibt dem Quilt seine duftige Fülle. Verwenden Sie nur erstklassige Wattierungen oder Vlies, billigere Qualitäten drücken sich oft zusammen oder verklumpen, so daß die ganze Arbeit umsonst war. Wattierungen sind in unterschiedlichen Stärken und Materialien erhältlich (etwa 60 bis 220 g), die Breite liegt zwischen etwa 90 und 150 cm. Kaufen Sie sie gleich in der benötigten Breite, da schmalere Bahnen kompliziert miteinander verbunden werden müssen. Bei sehr dunklen Stoffen sollte auch dunkle Füllung verwendet werden, da immer einige Fasern durchs Gewebe dringen und dann auf der Vorderseite sichtbar sind. Berechnen Sie an allen Seiten mindestens 5 cm mehr Vlies, weil es etwas schrumpft. Neben watteartigem Kunststoffvlies sind auch Baumwollfüllungen erhältlich. Filzstoffe eignen sich als Füllung für Kleidung, dünnere Stoffe für Wandbehänge. Feinere Füllungen können auch aus Seide, Baumwolle und Wolle oder einer Mischung eines der Stoffe mit Polyester gearbeitet werden. Je nach Dicke und Beschaffenheit der Füllung stehen die Felder zwischen den Nähten beim fertigen Quilt hoch oder liegen platt auf.

Schneidegeräte und Folien Moderne Hilfsmittel vereinfachen das Ausschneiden der Flicken erheblich. Der sogenannte Rollschneider mit runder Klinge erlaubt freihändige Linien und Schnitte an einer Schablone entlang. Die Schneide ist sehr scharf, so daß Sie wirklich nach jedem Schnitt die Schutzvorrichtung betätigen sollten, um Verletzungen zu vermeiden.
Speziell für Patchwork und Quilting gibt es Plastikfolien mit aufgedruckter Kästcheneinteilung in mehreren Rastergrößen, sowohl quadratisch als auch mit 30 bzw. 60 Grad-Winkel. Auch die Folien selbst sind in mehreren Größen erhältlich. Wenn Sie gerne unterwegs handarbeiten, legen Sie sich handliche Mini-Versionen der genannten Raster zu. Auch für längliche Rechtecke (zum Beispiel Log-Cabin-Muster) erhalten Sie spezielle Vorlagen, ebenso für Dreiecke und Rauten.
Mit Hilfe der großen Rasterfolien lassen sich die Ecken des Werkstücks exakt zuschneiden.

Stecknadeln Die meisten Projekte in diesem Buch werden mit Stecknadeln zusammengesteckt und anschließend mit der Maschine genäht. Verwenden Sie feine Stecknadeln, die sich während des Nähens leicht herausziehen lassen, und Nadeln mit Glasköpfen zum Vorstecken. Sicherheitsnadeln werden ebenfalls gern verwendet, sie bohren aber viel größere Löcher in den Stoff. Gebrauchen Sie nur ganz dünne Fabrikate.

Nähnadeln Nähnadeln auf der Nähmaschine nutzen sich schnell ab und werden an der Spitze stumpf. Wechseln Sie stets vor Beginnen eines neuen Werkstücks und möglichst auch zwischendurch immer wieder die Nadel. Rechnen Sie ruhig drei bis vier Nadeln Verschleiß pro Quilt. Verwenden Sie mittlere, zum Stoff passende Stärken in einer guten Qualität. Wenn Sie dickere Nähseide oder Maschinenstickgarn verarbeiten, stimmen Sie auch die Nadeln darauf ab. Kaufen Sie gleich ein ganzes Nadelset oder größere Mengen auf einmal, das kommt billiger.

Nähgarn Sowohl zum Zusammennähen als auch zum Steppen wird für die meisten Projekte mercerisiertes Baumwollnähgarn benötigt. Für mittelhelle Farbkombinationen wählen Sie grauen Faden, für hellere cremefarbenen. Manchmal ist es geschickter, die Farbe des Nähgarns genau auf die gerade zu bearbeitende Stoffbahn abzustimmen. Die Grundfarben Grau und Creme kaufen Sie am besten gleich in günstigen großen Rollen. Für andere Arbeiten sind dickeres Knopflochgarn oder Maschinenstickgarn angesagt. Manchmal würde ein bunter Faden auf dem Quilt stören: In solchen Fällen können Sie feines Nylongarn verwenden. Handgenähte Quilts erfordern starken Baumwoll- oder Polyesterfaden.

Nähmaschine Die in diesem Buch gezeigten Quilts wurden fast alle mit der Nähmaschine genäht. Sie sind damit um ein vielfaches schneller als bei reiner Handarbeit fertig. Natürlich können Sie Ihre normale Hobby-Nähmaschine verwenden, wenn auch ein stärkerer Motor wie bei Industrienähmaschinen manchmal von Vorteil ist. Die Maschine ist Ihr wichtigstes Hilfsmittel, machen Sie sich zuerst mit all ihren Fähigkeiten genau vertraut.
Ein spezieller Fuß zum Quilten ist teuer, aber sinnvoll. Er ist mit kleinen „Füßen" versehen, die den Stoff exakt weiterziehen und, auch wenn die Nadel gerade nicht im Stoff steckt, alles genau an Ort und Stelle halten. Die Unterlage kann dadurch nicht wie bei einem normalen Fuß leicht verrutschen.
Daneben bietet ein sogenannter Kantenstepper mit zweiter parallellaufender Schiene die Möglichkeit, Steppnähte in exaktem Abstand voneinander zu führen. Freies Steppen wie auf Seite 78 gezeigt, kommt oft ohne einen speziellen Fuß aus. Wie Sie beim Nähen vorgehen, ist auf Seite 106 ausführlich beschrieben.

Sonstige Hilfsmittel Neben Stoff und Nähzubehör brauchen Sie auch Material für die Schnitte und Schablonen, u. a. Pauspapier, Karton, Schablonierfolie, einen spitzen Bleistift und einen wasserfesten Stift. Zum Markieren der Nahtlinien benutzen Sie am besten Schneiderkreide, die in dünnen Täfelchen erhältlich ist.

DER FERTIGE QUILT

Etikett Versehen Sie Ihren mit viel Mühe hergestellten Quilt auf der Rückseite mit einem persönlichen Etikett mit Ihrem Namen, Bezeichnung für den Quilt und Datum. Es wird mit Wäschestift beschriftet, mit der Hand oder der Maschine bestickt oder mit Stoffarben gemalt.

Wandbehänge Wollen Sie ihren Quilt aufhängen, sollten Sie eine etwas dunklere Stelle wählen, da der Stoff mit der Zeit ausbleicht. Am einfachsten ist es, an der Oberkante einen Durchzug vorzusehen (siehe Seite 107), durch den eine Leiste geschoben wird. Diese wird so kurz abgeschnitten, daß die beiden Enden in zwei Bilderhaken eingehängt werden können.

Aufbewahrung Quilts sollten niemals in Plastiktüten aufbewahrt werden, wo sie zerdrücken und unansehnlich werden. Umwickeln Sie große Papprohre (Posterhüllen, Kerne von Tapetenrollen o. ä.) mit Vliesresten. Wickeln Sie den Quilt mit der Außenseite nach außen um die Rolle, und schließen Sie das Ganze mit einem alten Baumwolltuch ab.

Reinigung Als Wandbehang aufgehängte Quilts können regelmäßig mit dem Staubsauger gereinigt werden, wenn Sie die Polsterdüse verwenden und die Öffnung zusätzlich mit einem alten Strumpf o. ä. überziehen. Seidenquilts sollten chemisch gereinigt werden, dürfen aber von der Wäscherei keinesfalls gebügelt werden, da sie sonst zu platt werden. Mit Vlies oder Wattierung gefüllte Stücke dagegen sollten laut Herstellerangaben nicht chemisch gereinigt werden, da die Füllungen Rückstände einlagern können und klumpig werden.
Wenn Sie Quilts selber waschen, arbeiten Sie zu zweit. Das nasse Stück ist sehr schwer. Füllen Sie die Badewanne mit Wasser. Geben Sie etwas mildes Waschmittel zu. Legen Sie den Quilt locker zusammen und tauchen Sie ihn ins Wasser. Drücken Sie das Gewebe nur leicht mit den Handflächen zusammen. Dann lassen Sie das Seifenwasser ablaufen, füllen Sie frisches Wasser nach. Spülen Sie nach, bis das Wasser klar bleibt. Heben Sie den Quilt in eine Wäschewanne oder Babybadewanne und tragen Sie ihn ins Freie. Hängen Sie ihn über mehrere in engem Abstand parallel verspannte Wäscheleinen, bis das meiste Wasser abgeflossen ist.
Zwischendurch wird er immer wieder leicht umgehängt, damit die Leinen keine Linien in den Stoff drücken. Der Stoff darf nicht in der Sonne hängen, sonst bleichen die Farben sofort aus. Bügeln Sie ihn auch nicht.

Traditionelle Quilts

Altmodische Quilts mit überlieferten Mustern sind meist aus geometrischen Flicken aufgebaut. Die Vorschläge auf den nächsten Seiten sind relativ schnell ausgeführt und eignen sich auch als Einstieg für Anfänger, die die Technik kennenlernen wollen.

Amish Fans: Fächermuster

Die Quilts der Amish (deutsch „der Amischen", einer religiösen Vereinigung in Amerika) sind wegen ihrer interessanten Farbzusammenstellungen weltberühmt. Hier wird ein traditionelles Fächermuster für einen Wandbehang verwendet. Die geschwungenen Flicken sind schnell ausgeschnitten und mit zwei Farben Nähgarn auch einfach zusammenzunähen. Der fertige, quadratische Quilt hat 134 cm Seitenlänge. Durch Zufügen weiterer Blocks und einen breiteren Rand könnte er aber auch zu einem Bettüberwurf vergrößert werden. Rechnen Sie an allen Seiten 7,5 mm für die Säume dazu.

MATERIAL

6 Bahnen Baumwollstoff (je 50 x 57 cm), 3 in unterschiedlichen hellen Ockertönen, 3 in unterschiedlichen dunkleren Brauntönen

2,4 m dunkelblauer Baumwollstoff, 114 cm breit

25 cm roter Baumwollstoff, 114 cm breit

1,5 m Baumwollstoff für die Rückseite, 150 cm breit

dünne, quadratische Wattierung, 1,5 m Seitenlänge

1 Spule graues Baumwollnähgarn zum Nähen

je 1 Spule rotes und oranges Baumwollnähgarn zum Steppen

quadratische Schablonierfolie, 30 cm Seitenlänge

doppelseitiges Klebeband

Schnittmuster mit 5-cm-Raster

wasserfester Stift

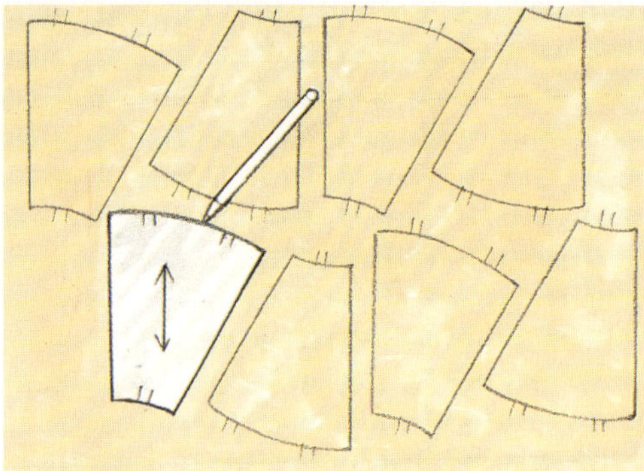

1 *Nach den Instruktionen auf Seite 97 vergrößern Sie die Fächer-Vorlage von Seite 19 auf 30 cm. Malen Sie sie auf das Pauspapier. Numerieren Sie die Stücke und markieren Sie die Hilfslinien (die kleinen Doppelstriche). Übertragen Sie die Stücke auf die Folie und schneiden Sie sie entlang der Markierung aus dem Papier. Kleben Sie ein Stück Klebeband auf jeden Folienfächer (nicht über Nacht liegen lassen, da das Band sonst anklebt). Befestigen Sie nacheinander die Schablonen 1, 2 und 3 auf der Rückseite der 3 ockerfarbenen und der 3 dunkelbraunen Stoffstücke. Die gerade Linie muß jeweils parallel zum Fadenlauf des Stoffes liegen. Markieren Sie auf jedem Stoffstück mit einem spitzen Bleistift 8 gleiche Fächer – rechnen Sie dabei an allen Kanten einen Saum von knapp 8 mm dazu. Wiederholen Sie das Ganze mit Schablone 4 und 5 auf dem blauen Stoff.*

2 *Nach dem Schnittplan für den blauen Stoff (oben) legen Sie Schablone 5 wie gezeigt oben an. Markieren Sie die Schablone insgesamt 16 x mit Bleistift, wobei Sie wieder rundum einen Saum von knapp 8 mm zugeben. Markieren Sie auch die kleine Viertelkreisschablone, Nr. 4, 16 x auf dem Stoff. Schneiden Sie alle Segmente aus und legen Sie sie auf separate Stapel.*

Fächermuster

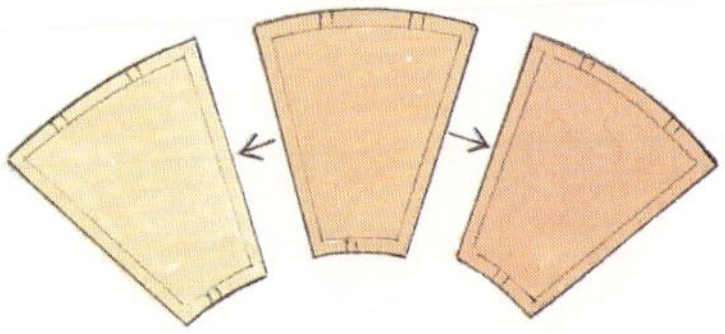

3 *Arrangieren Sie die Segmente wie hier gezeigt, stecken Sie die geraden Kanten zusammen und nähen Sie sie fest. Anschließend bügeln (siehe Seite 100).*

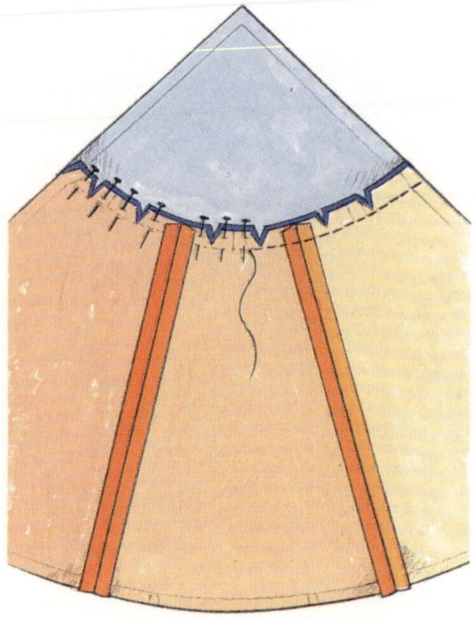

4 *Beim Nähen von Kurven halten Sie sich an die rund um die Schablonen gezogenen Linien. Verbinden Sie die runden Kanten der Fächer mit den entsprechenden Stellen des blauen Stoffes. Damit sich die engere Kurve an die weitere anpaßt, müssen die Säume wie oben gezeigt – bitte nicht zu weit! – kerbenförmig eingeschnitten werden. Stecken Sie die beiden Säume sorgfältig zusammen und prüfen Sie immer wieder, ob der Stoff gut liegt. Sie verwenden dazu viele Stecknadeln. Nähen Sie den Saum mit der Maschine. Wenn die Naht gelungen ist, bügeln Sie das Teil. Nähen Sie alle 16 Fächer auf diese Art.*

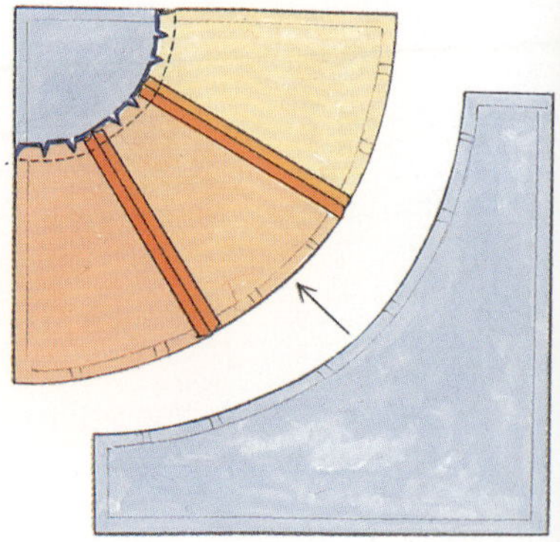

5 *Nähen Sie schließlich die größeren blauen Teile mit der Maschine an, nachdem Sie sie mit Nadeln zusammengesteckt haben. Auch hier liegen wieder die kleinen Markierungen (Doppelstriche) genau übereinander. Bügeln Sie die Quadrate einzeln und prüfen Sie, ob diese die richtige Größe haben.*

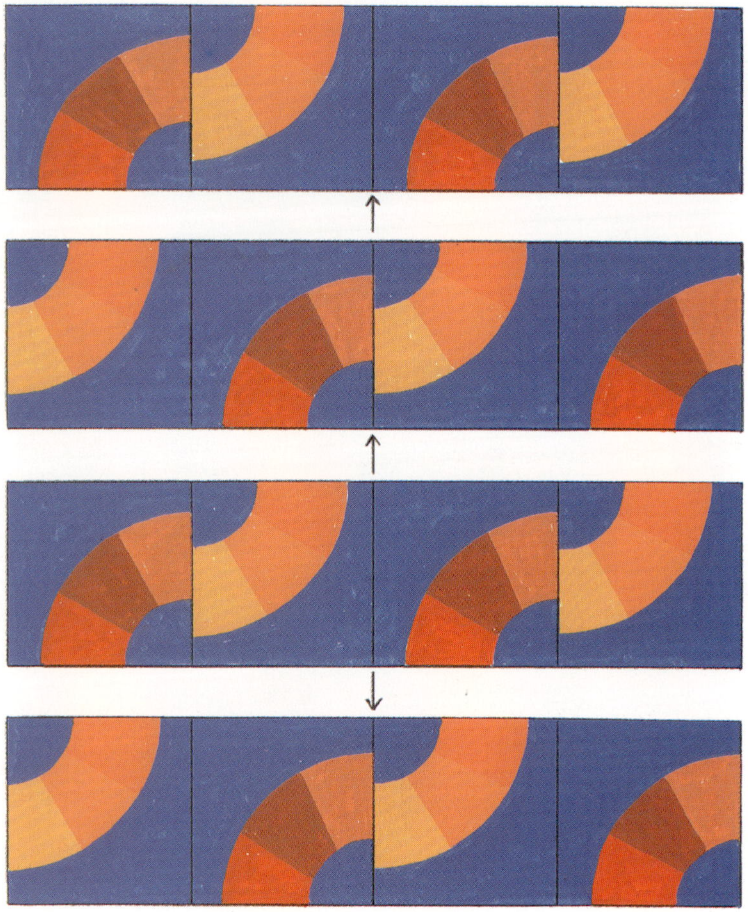

6 *Verbinden Sie die Blocks zu Viererreihen und anschließend die Reihen zu einem großen Quadrat. Bügeln.*

Zerschneiden Sie den roten Stoff in 5 jeweils 4 cm breite Streifen für die Umrahmung. Verbinden Sie sie zu 2 je 121,5 cm und 2 je 127 cm langen Streifen. Stecken und nähen Sie die beiden kürzeren oben und unten auf die Decke, die beiden längeren an die Seiten (siehe Seite 102/103). Bügeln.

Schneiden Sie 5 Streifen für den Rand und machen Sie daraus 2 Streifen mit den Maßen 9 x 126,5 cm und 2 mit 9 x 141,5 cm. Nähen Sie diese an (siehe Seite 102/103). Bügeln.

7 *Übertragen Sie die Stepplinien, die als gepunktete Linien eingezeichnet sind, auf Schablonierfolie. Schneiden Sie sie entlang der Linien auseinander und befestigen Sie Klebeband an jeder Schablone. Legen Sie sie auf den Stoff und markieren Sie die Stepplinien mit Schneiderkreide oder einem Seifenschnitz. Die Schwünge sollten in einer Linie durchgehen.*

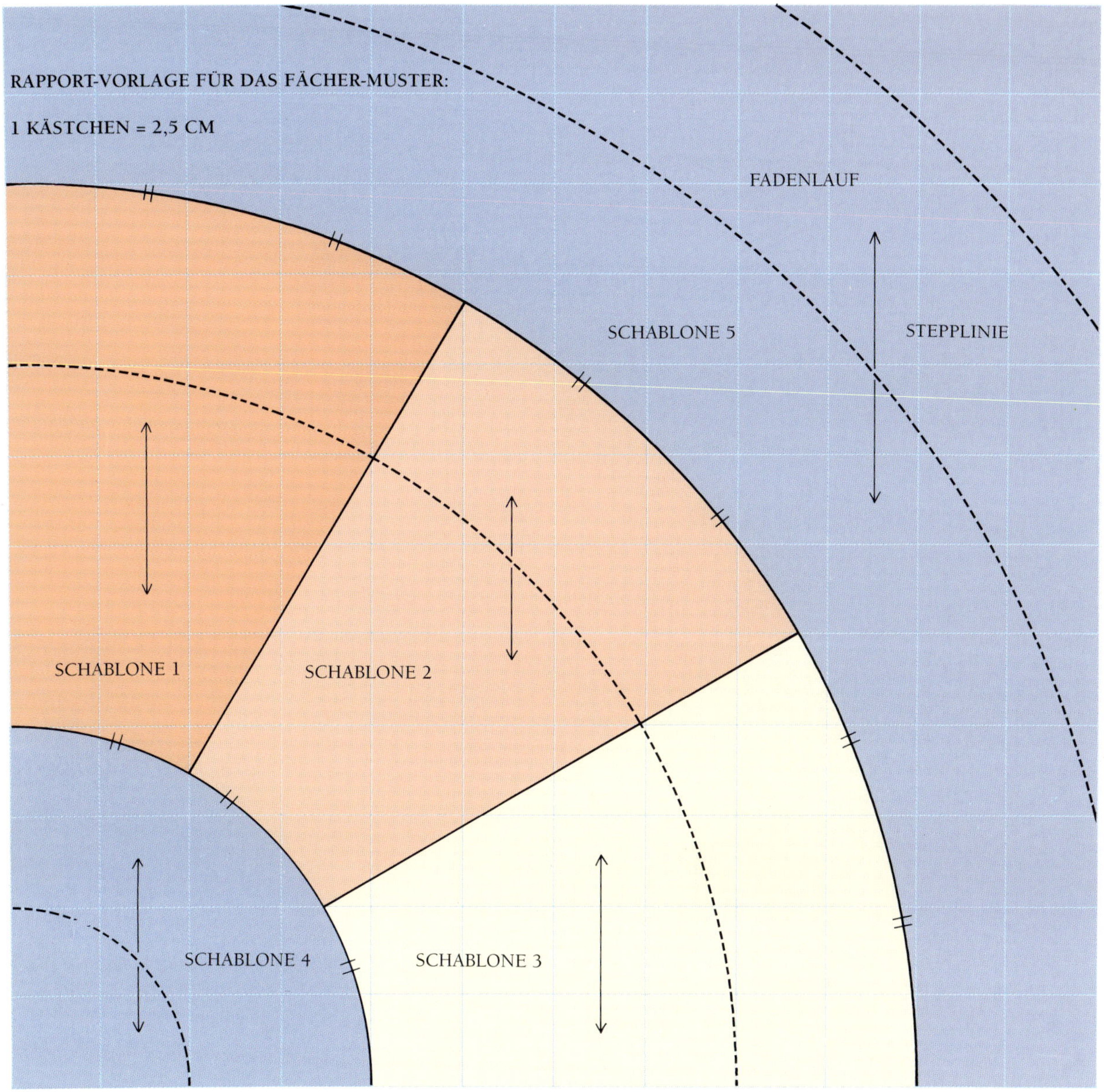

Nach den Anleitungen auf Seite 104 werden die 3 Schichten für den Quilt zusammengesteppt. Verwenden Sie einen neutralen Faden und arbeiten Sie mit der Maschine (siehe Seite 104). Auf und an den Fächermustern verwenden Sie oranges Nähgarn. Die Fadenenden werden auf der Rückseite befestigt (siehe Seite 106). Mit blauem Nähgarn nähen Sie die restlichen Linien. Ziehen Sie die Füllung an den Ecken zurecht, ebenso den Rückenstoff. Schneiden Sie alles gerade, schlagen Sie die Säume ein und nähen Sie die Kanten mit Saumstichen zusammen. Schließlich wird noch nach der Beschreibung auf Seite 107 ein Durchzug zum Aufhängen angebracht.

Log Cabin: Blockhausmuster

Dies ist eines der bekanntesten und verbreitetsten Quiltmuster. In zarten Pastelltönen wie hier wirkt es elegant und leicht. Die „Baumstämme" werden rund um ein Blumenmuster aufgesteppt, so daß Nähen und Steppen in einem Arbeitsschritt vollzogen werden – eine zeitsparende Methode. Da die Wattierung gleich mit eingebaut wird, kann während des Arbeitens nicht gebügelt werden. Die Nähte werden daher nur mit den Fingern glatt gepreßt. Wählen Sie auch für die Rückseite gemusterten Stoff, so daß die Stepplinien nicht weiter auffallen. Die einzelnen Blocks sind wiederum zu einem traditionellen Muster zusammengenäht. Der fertige Quilt ist 155 x 217 cm groß, kann aber mit mehr Blocks auch in doppelter Größe gearbeitet werden.

Das Log Cabin-Muster gehört zu den bekanntesten und beliebtesten Quilt-Dessins. Es läßt sich vielfach kombinieren und ergibt eine herrliche Textur. Es ist vergleichsweise einfach auszuführen, da Nähen und Steppen im selben Arbeitsgang erfolgen.

MATERIAL

50 cm geblümter Baumwollstoff mit mittelgroßem Muster, 114 cm breit

3 m gelber geblümter Baumwollstoff, 114 cm breit

3 m lila geblümter Baumwollstoff, 114 cm breit

4 m gemusterter Baumwollstoff für die Rückseite, 114 cm breit

6,7 m leichte Wattierung, 90 cm breit

4 Rollen weißes Baumwollnähgarn

Karton

1 *Schneiden Sie mit dem Rollschneider auf einer Schneidematte 35 Quadrate mit je 33 cm Seitenlänge aus dem Stoff für die Rückseite und aus der Wattierung (Seite 99). Fertigen Sie aus Karton einen Rahmen mit 9 cm Kantenlänge an. Schneiden Sie das Fenster so aus, daß das Blumenmotiv hineinpaßt. Legen Sie es auf der Stoffvorderseite genau über ein Blümchenmuster.*
Markieren Sie mit Bleistift die Außenkanten der Schablone. Schneiden Sie insgesamt 35 solche Quadrate aus. Mit Hilfe des Rollschneiders schneiden Sie den gelben und lila Blümchenstoff in 5 cm breite Streifen (von Webkante zu Webkante). Brauchen Sie den ganzen Stoff auf. Sortieren Sie die Stoffstreifen über Drahtkleiderbügeln, damit sie schnell zur Hand sind.

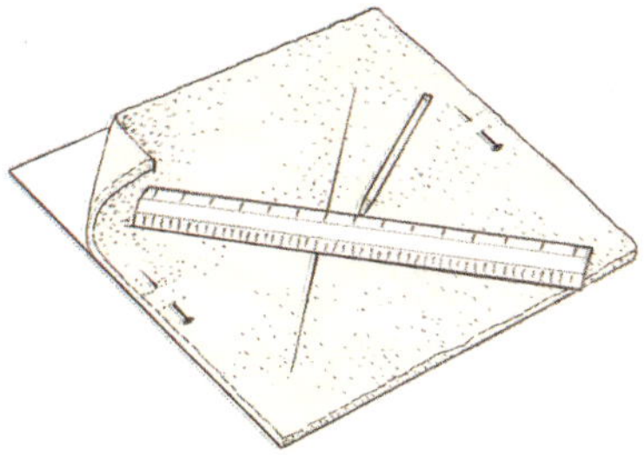

2 *Legen Sie die Wattierung über den Rückenstoff und markieren Sie mit diagonalen Linien den Mittelpunkt.*

3 *Legen Sie die Blümchen-Quadrate über die Wattierung, so daß die Ecken genau auf den diagonalen Linien liegen. Stecken Sie sie fest.*

4 *Legen Sie einen gelben Stoffstreifen – Kante an Kante – mit der Oberseite nach unten auf das Blümchen-Quadrat. Feststecken. Nähen Sie den oberen Saum; am Ende sitzt jeweils ein Doppelstich: einmal vor und zurück nähen. Falten Sie den Streifen zurück und drücken Sie ihn mit den Fingern glatt. Schneiden Sie den Streifen genau an der Seitenkante des Blümchen-Rechtecks ab. Nehmen Sie die Nadeln heraus und drücken Sie die Nähte nochmals glatt. Drehen Sie das Ganze entgegen dem Uhrzeigersinn um eine viertel Umdrehung.*

Blockhausmuster

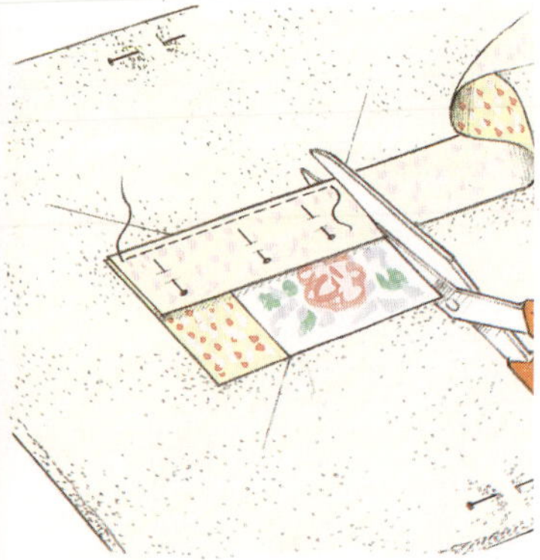

5 *Legen Sie wieder einen gelben Streifen mit der Vorderseite nach unten wie auf der Zeichnung an die beiden Stoffstücke. Wie vorher feststecken und nähen, anschließend umfalten, Nadeln herausnehmen und mit den Fingern glatt drücken. Drehen Sie die Arbeit wieder um eine viertel Umdrehung gegen den Uhrzeigersinn.*

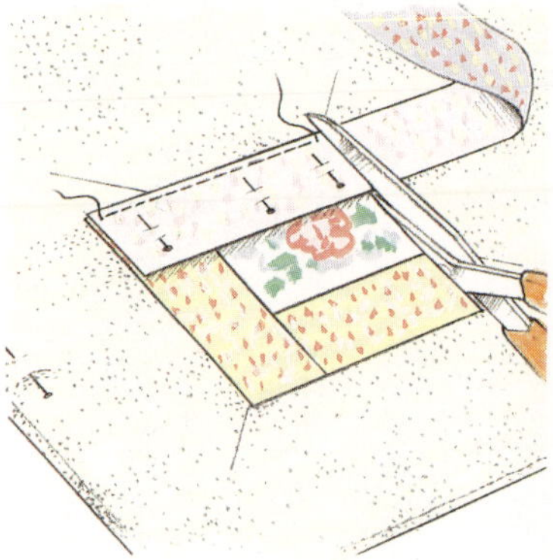

6 *Legen Sie einen lila Stoffstreifen wie zuvor auf gelben Stoffstreifen und Blümchen-Quadrat und nähen Sie ihn ebenfalls an. Umfalten, glatt drücken, abschneiden und die ganze Arbeit wieder um eine viertel Umdrehung weiterdrehen.*

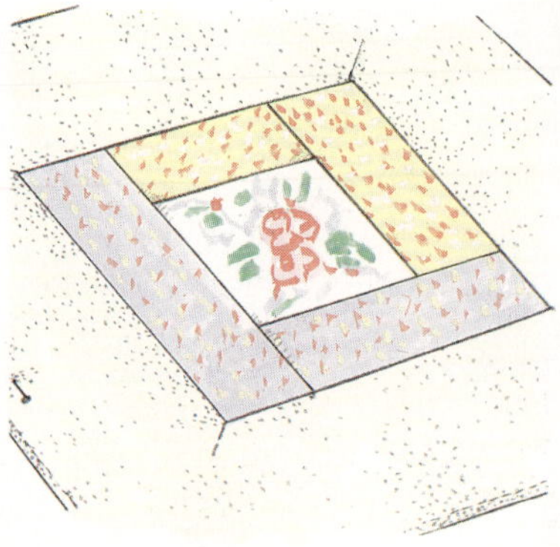

7 *Fügen Sie auch an der vierten Seite in der beschriebenen Weise einen lila Stoffstreifen an, so daß die erste Runde des Log-Cabin-Musters beendet ist.*

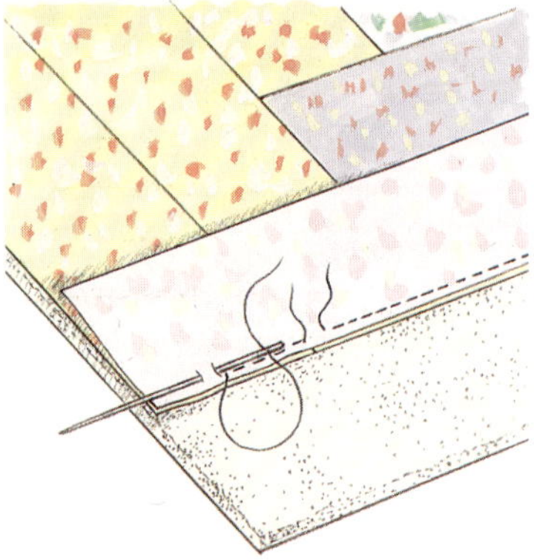

8 *Arbeiten Sie in gleicher Weise 2 weitere Runden, wobei jeweils 2 gelbe und 2 lila Stoffstreifen aneinanderstoßen. Beim letzten Flicken beenden Sie die Naht 2,5 cm vor der Schnittkante, damit sie später beim Zusammennähen der entstandenen Blocks nicht im Saum stört.*
Wenn alle 35 Blocks fertig sind, können Sie mit ein paar Hand- oder Maschinenstichen die Streifenenden nochmals fixieren.

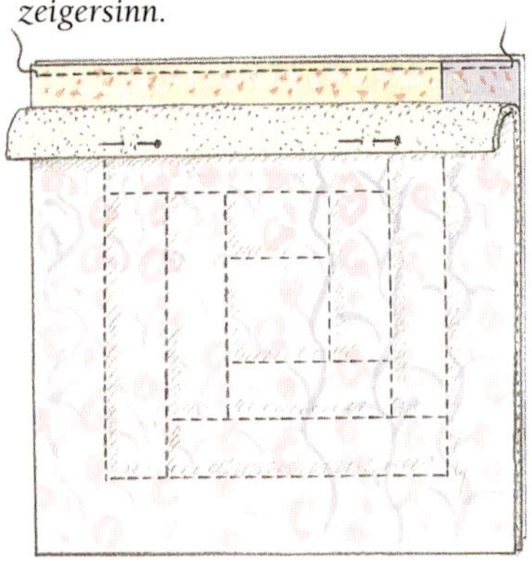

9 *Legen Sie die Blocks in der richtigen Reihenfolge in 7 Fünferreihen zusammen, so daß die einzelnen Streifen wieder ein regelmäßiges Muster ergeben. Stecken Sie sie paarweise mit den Stoffoberseiten aufeinander. Stecken Sie mit Nadeln Wattierung und Rückenstoff weg, damit beides nicht stört. Nähen Sie den Vorderstoff genau an den Saumlinien zusammen.*

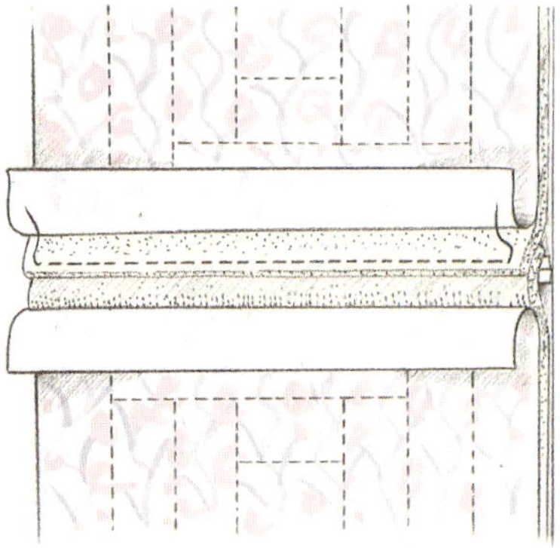

10 *Öffnen Sie den Stoff und drücken Sie mit den Fingern die Saumlinie platt. Schneiden Sie die Wattierung so ab, daß die beiden aufeinanderstoßenden Kanten sich leicht überlappen. Nähen Sie die Füllschichten aufeinander, ohne den Rückenstoff mit festzustechen.*

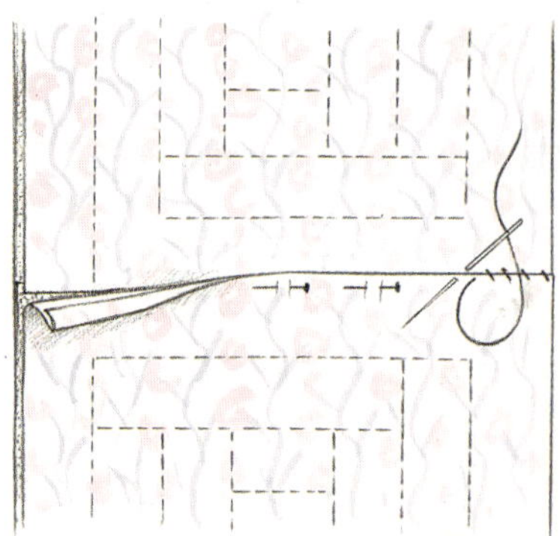

11 *Schlagen Sie die Kanten auf der Rückseite wie auf der Zeichnung zu einem überlappenden Saum ein, fixieren Sie das Ganze mit Stecknadeln und anschließend per Hand mit Saumstichen. Diese führen Sie durch Rückenstoff und Füllung, aber nicht durch den Vorderstoff.*

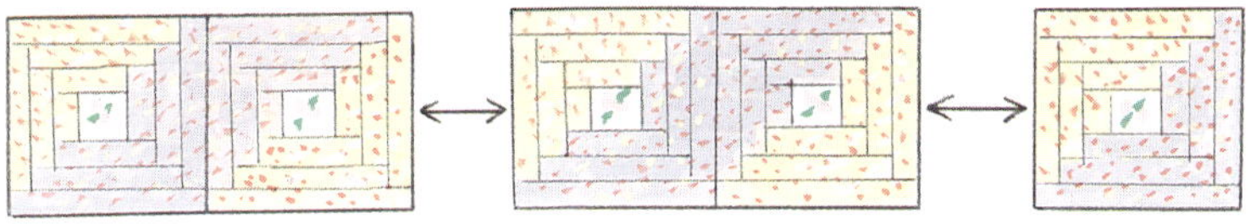

12 *Nähen Sie die Paare wie auf der Zeichnung zu Streifen zusammen und fügen Sie jeweils den einzelnen Block an. Die Technik ist dieselbe wie vorher.*

13 *Schließlich werden die großen Stoffbahnen zusammengefügt. Säubern Sie die Kanten wie auf Seite 102 beschrieben.*

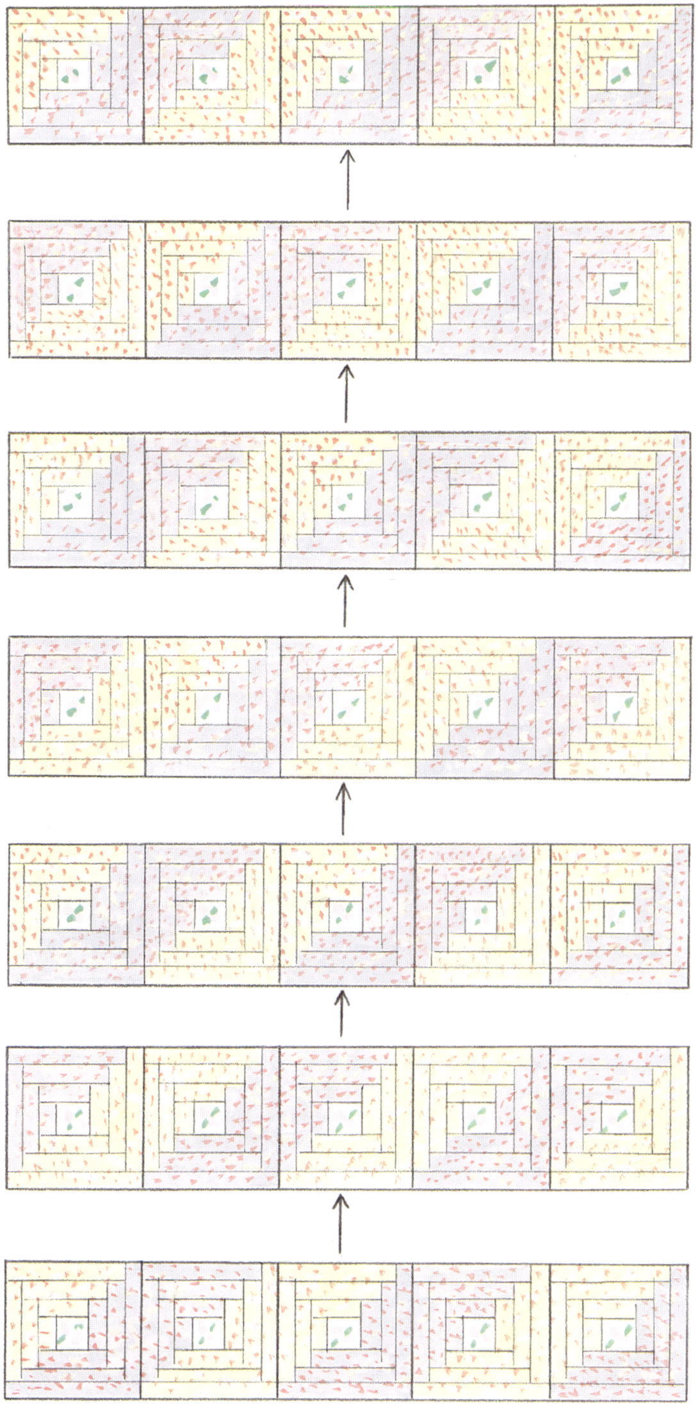

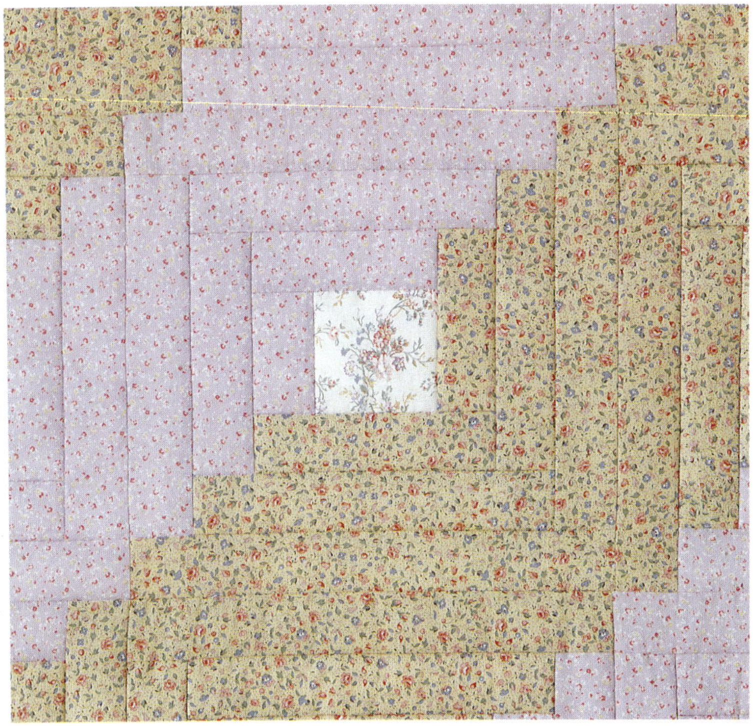

14 *Messen Sie die Außenkanten des fertigen Quilts nach. Schneiden Sie 4 cm breite Stoffstreifen zum Einsäumen zurecht (wenn nötig mehrere Streifen für eine Kante aneinandernähen. Legen Sie jeweils eine Längskante der Stoffstreifen zu einem knapp 8 mm breiten Saum um. Nähen Sie die Saumstreifen an der nicht umgefalteten Schnittkante – Vorderseite auf Vorderseite – mit dem Vorderstoff zusammen. Schlagen Sie die Überlappung mit dem vorgefalteten Saum nach hinten um. Nähen Sie die Versäuberung mit der Hand oder der Maschine fest.*

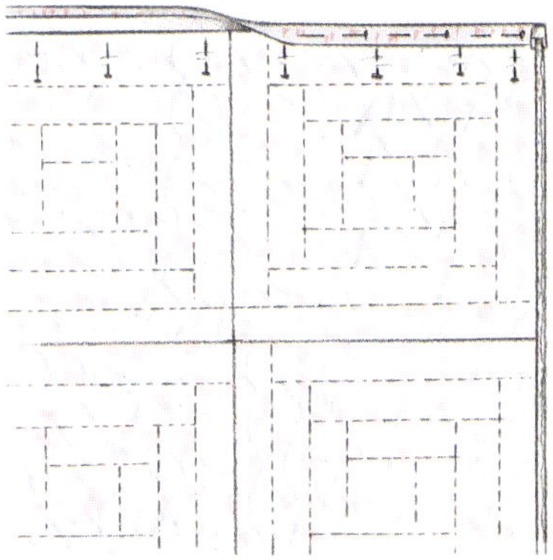

Blues in the Night: Nachtblaue Karos

Die neunteiligen Blocks für diesen Quilt wurden in blauen, türkisen und lila Stoffschattierungen gearbeitet und wechseln mit einfachen schwarzgrundigen Quadraten ab. Der Stoff wurde fertig gekauft, doch Sie könnten ihn auch nach Ihren eigenen Vorstellungen selber einfärben (siehe Seite 42). Dadurch werden die Gestaltungsmöglichkeiten noch größer. Der fertige Quilt ist 202 x 245 cm groß.

1 Stoff waschen und bügeln. Mit dem Rollschneider 20 je 11,5 cm breite Streifen aus dem bunten Stoff schneiden (siehe Seite 99). Diese in 180 Quadrate mit je 11,5 cm Seitenlänge unterteilen. Nähen Sie diese zu 20 großen Blocks mit gleichmäßig verteilten Farben aus je 9 Flicken zusammen.

MATERIAL

2,4 m streifig eingefärbter Baumwollstoff in Blau, Türkis und Lila, 114 cm breit

2,4 m geometrisch gemusterter, passender dunkelgrundiger Stoff, 114 cm breit

2,2 m gestreifter Baumwollstoff für den Rand

4,8 m Baumwollstoff für die Rückseite, 60 cm breit

202 x 245 cm Wattierung

2 Rollen graues Baumwollnähgarn zum Nähen

2 Rollen dunkelblaues Baumwollnähgarn zum Steppen

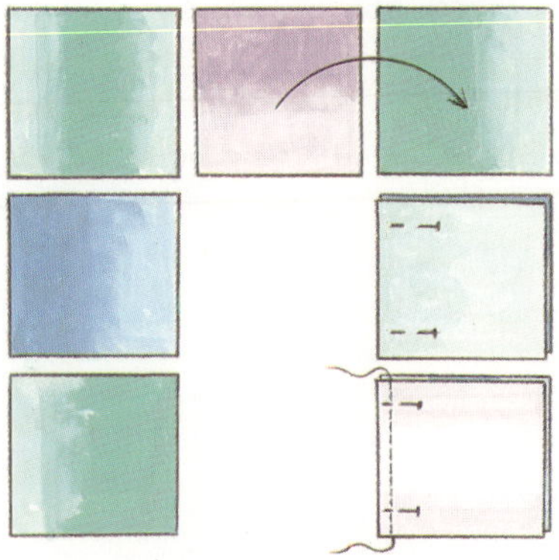

2 Legen Sie dazu die 3 mittleren Flicken mit der Rückseite nach oben über die 3 rechts liegenden. Stecken und nähen Sie sie wie auf Seite 100 beschrieben zusammen. Achten Sie darauf, daß die Nähte exakt sitzen. Notfalls korrigieren. Die Säume auf eine Seite legen und bügeln (siehe Seite 100). Legen Sie die Flicken wieder in Neunergruppen zusammen.

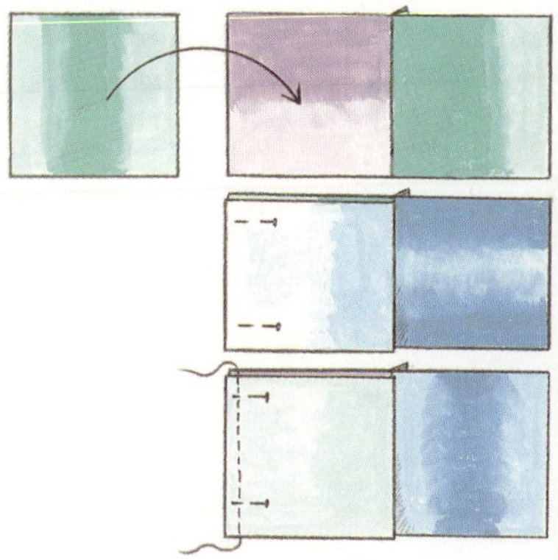

3 Legen Sie nun die jeweils linken 3 Flicken mit der Rückseite nach oben über die mittleren. Stecken Sie die Kanten wieder mit Stecknadeln zusammen und nähen Sie die Säume. Danach folgt die übliche Kontrolle der Nähte und das Bügeln.

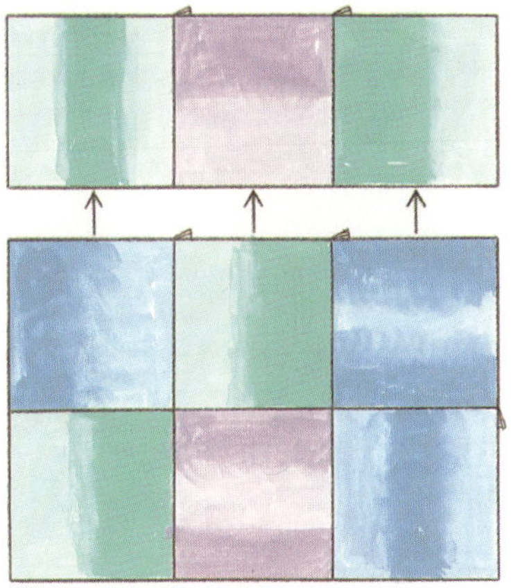

4 Verbinden Sie nun die unteren und mittleren Dreierstreifen, anschließend die mittleren und die oberen.

Nach der Anleitung auf Seite 100 schneiden Sie 4 je 31,5 cm breite Streifen aus dem dunkelgrundigen Stoff zurecht. Teilen Sie diese wiederum in 12 Quadrate mit je 31,5 cm Seitenlänge (A). 3 Streifen teilen Sie in 7 Rechtecke mit 32,5 cm Seitenlänge (B). Zusätzlich schneiden Sie ein 33,5 cm langes Rechteck. Schneiden Sie die 7 Rechtecke (B) in 14 Dreiecke auseinander (Seite 99). Das einzelne Rechteck (C) wird zweimal diagonal geteilt, so daß sich 4 kleine Dreiecke ergeben. Sie sind für die Ecken des Musters gedacht.

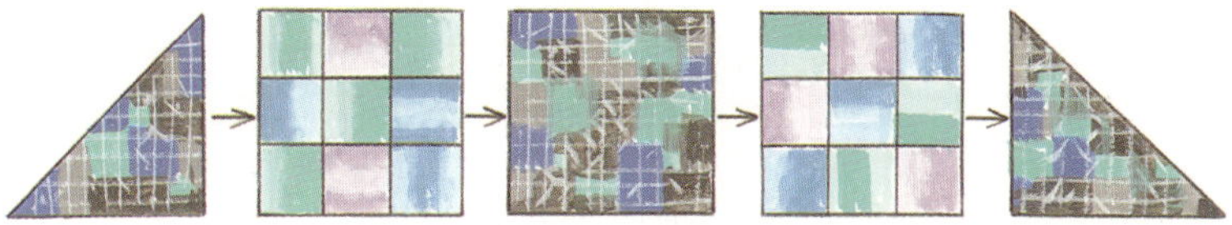

5 Nähen Sie die Teile in 8 Streifen zusammen. Richten Sie sich bei der Anordnung nach der schematischen Zeichnung unter Punkt 7. Nach dem Diagramm unter Punkt 8 fügen Sie am Ende jeder Reihe ein Dreieck (B) als Abschluß hinzu.

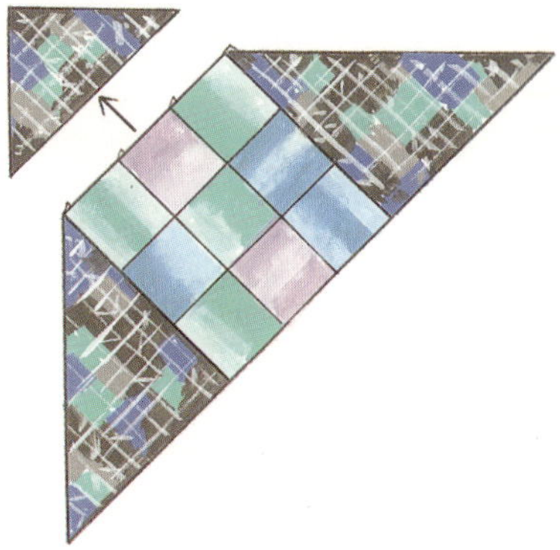

6 Schließlich nähen Sie auch noch die kleineren Dreiecke (C) für die Ecken an: 2 werden oben bzw. unten an die einzelnen Blocks angelegt, 2 seitlich an die längsten zusammengesetzten Stoffbahnen.

7 Nähen Sie die Stoffbahnen zu Zweierreihen zusammen und bügeln Sie sie.
Aus dem streifigen Stoff schneiden Sie 4 Stoffstreifen für den Rahmen: 2 Streifen mit 20 x 214,5 cm Größe, 2 mit 20 x 212 cm. Nähen Sie sie wie auf Seite 102/103 beschrieben an den Quilt.

Bügeln Sie den Stoff vor dem Steppen gut. Verlängern Sie die diagonalen Quiltlinien in den einfachen gestreiften Rand hinaus. Legen Sie Vorderstoff, Wattierung und Rückenstoff aufeinander und stecken Sie alles zusammen (siehe Seite 104).

Mit dem Spezialfuß steppen Sie mit blauem Garn – in der Mitte beginnend und nach außen arbeitend – alle diagonalen Linien auf dem Quilt und bis 15 cm weit in den Rand nach. Steppen Sie auch die Verbindungslinie zwischen gemustertem Teil und gestreiftem Rand (siehe Seite 106/107).

Schlagen Sie den Rand an den Kanten nach hinten um. Er bleibt 15 cm breit. Falten Sie einen Saum und nähen Sie ihn auf der Rückseite mit Saumstichen zu.

Star Quilt: Sternenmuster

Dieses atemberaubend frische Muster hat seinen Ursprung in afro-amerikanischen Traditionen. Solche Quilts wurden aus kleinsten Stoffresten gemacht und haben einen besonderen Reiz. Hier wurde das Muster in karierter indischer Baumwolle aus 2 Farbkombinationen und schwarzem Stoff gearbeitet. Die starken Kontraste und abwechselnden Farbschemata – einmal schwarze Sterne auf buntem Grund, einmal bunte Sterne auf dunklem Hintergrund – machen das Muster besonders lebhaft. Die Zwischenstreifen sind unterschiedlich breit und fehlen einmal ganz. Der fertige Wandbehang mißt 160 cm im Quadrat.

MATERIAL

2,1 m rosa karierter Baumwollstoff, 114 cm breit

70 cm rosa-türkis karierter Baumwollstoff, 114 cm breit

50 cm blau-grün karierter Baumwollstoff, 114 cm breit

2 m schwarzer Baumwollstoff, 114 cm breit

3,3 m Baumwollstoff für die Rückseite, 114 cm breit, zu einem Quadrat mit 125 cm Seitenlänge zusammengenäht

4 m feiner Füllstoff, 90 cm breit, zu einem Quadrat mit 125 cm Seitenlänge verbunden

2 Rollen graues Baumwollnähgarn

Schneiden Sie die Streifen, Quadrate und Dreiecke nach der Methode von Seite 99 zurecht. Vom rosa karierten Stoff brauchen Sie 10 cm breite Streifen, die Sie in 33 Quadrate unterteilen. Schneiden Sie diese – jeweils 4 oder 5 Flicken übereinanderliegend – in 66 Dreiecke für Muster A auf Seite 31. Für Muster B schneiden Sie 16,5 cm breite Streifen und anschließend daraus 8 Quadrate. Schneiden Sie 2 Quadrate mit je 18,5 cm Seitenlänge, die Sie in je 4 Dreiecke teilen (D); außerdem 4 je 9 cm große Quadrate (C).

Aus dem blau karierten Stoff schneiden Sie 10 cm breite Streifen, daraus wiederum 23 Quadrate und aus diesen 46 Dreiecke (A). Dazu kommen 6 Quadrate mit 16,5 cm Seitenlänge (B), 4 mit 9 cm (C) und 2 mit 18,5 cm (D) Seitenlänge. Aus dem schwarzen Stoff schneiden Sie ebenfalls 10 cm breite Streifen, die Sie in 8 Quadrate unterteilen. Diagonal halbiert ergeben sie 17 Dreiecke (A). Schneiden Sie aus 9 cm breiten Streifen 56 Quadrate (C). Aus 18,5 cm breiten Streifen schneiden Sie wiederum 56 Dreiecke (D). Dazu kommen 2 Quadrate mit 18,5 cm Seitenlänge.

Sternenmuster

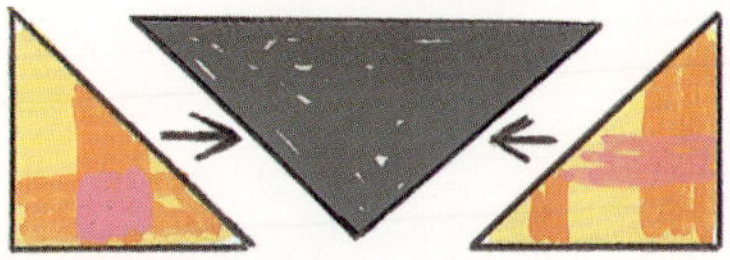

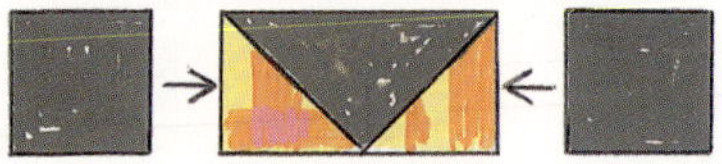

2 Nähen Sie an beide Seiten der bunten Dreieck-Reihen je ein schwarzes Quadrat C – allerdings nur bei der Hälfte der Teile (die andere Hälfte wird für die Seitenteile des Sternenblockes benötigt).

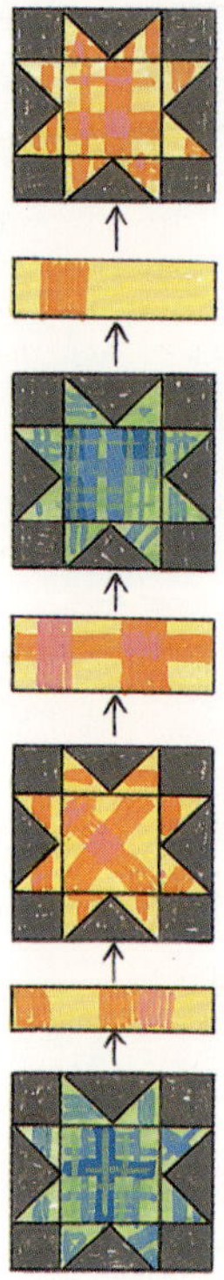

1 Nach der Methode von Seite 100 nähen Sie ein buntes Dreieck (A) an die kurze Seite eines schwarzen Dreiecks (D). Drücken Sie den Saum zurecht und legen Sie ihn nach Teil A um. Nähen Sie ein zweites buntes Dreieck an die andere kurze Seite des schwarzen Dreiecks. Für die obere und untere Reihe jedes Sternenblockes legen Sie seitlich 2 schwarze Quadrate (C) an die bunten Dreiecke (A). Für die Mittelreihe legen Sie je eine Kombination A/D/A an beide Seiten des bunten Mittelquadrats B. Verbinden Sie nun alle vorgenähten Teile zu einem vollständigen Sternenblock.

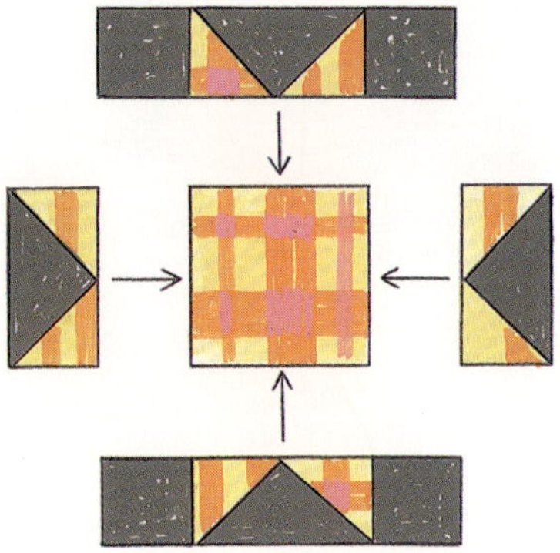

3 Nähen Sie diese restlichen Dreieck-Teile an die Seiten des Quadrats B. Anschließend werden die jeweils 3 Stoffreihen zu einem vollständigen Sternenblock zusammengenäht.

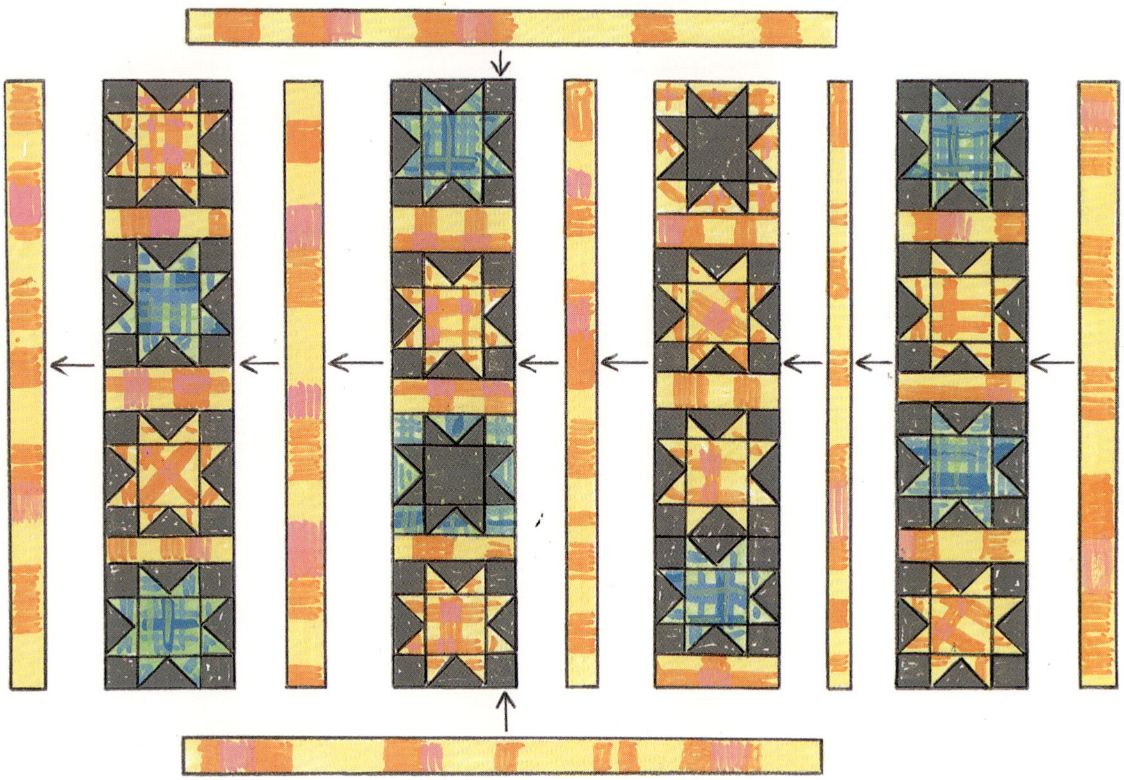

4 Aus dem Rest des rosa Karostoffs schneiden Sie der Breite nach 12 kurze Zwischenteile mit 31,5 cm Länge: 10 davon 9 cm breit, eines 11,5 cm, ein weiteres 15,5 cm. Schneiden Sie außerdem 4 Verbindungsteile mit 4 x 170 cm. Nach den Anleitungen von Seite 102/103 nähen Sie alles zusammen.

5 Nähen Sie die beiden seitlich außen gelegenen Begrenzungsstreifen an.

Aus dem rosa karierten Stoff schneiden Sie 5 Zwischenstreifen mit 144,5 cm Länge: 3 x je 9,5 cm breit, 1 x 12 cm und 1 x 15,5 cm breit. Dazu kommen 2 Randstreifen von 9,5 x 170 cm sowie 4 Einfassungsstreifen von 4 x 170 cm. Nach den Anleitungen von Seite 102/103 nähen Sie die Einfassungsstreifen

6 *Gesteppt wird der Quilt mit freihändigen Fächerlinien. Das gezeigte Stück wurde in etwa 2,5 cm Linienabstand mit der Hand gesteppt. Diagonale Stepplinien mit der Nähmaschine sind ebenso effektiv und schneller. Legen Sie beim Steppen alle Stoffschichten wie auf Seite 102 demonstriert übereinander. Schneiden Sie schließlich die Kanten glatt (siehe Seite 104) und nähen Sie die Säume wie auf Seite 103/104 gezeigt.*

Die Schablone unten hilft Ihnen, die einzelnen benötigten Teile für jedes Sternenmuster besser zu erkennen. Sie könnte auch als Vorlage für ein kleineres Werkstück, zum Beispiel einen Kissenbezug, dienen.

STERNENMUSTER:
1 KÄSTCHEN
ENTSPRICHT 2,5 CM

Der Stern gehört zu den beliebtesten Quiltmustern. Mit der schnellen Schneidemethode und der Nähmaschine ist er in wenigen Tagen fertig. Arbeiten Sie systematisch und bügeln Sie die Teile zwischen den einzelnen Arbeitsschritten immer wieder.

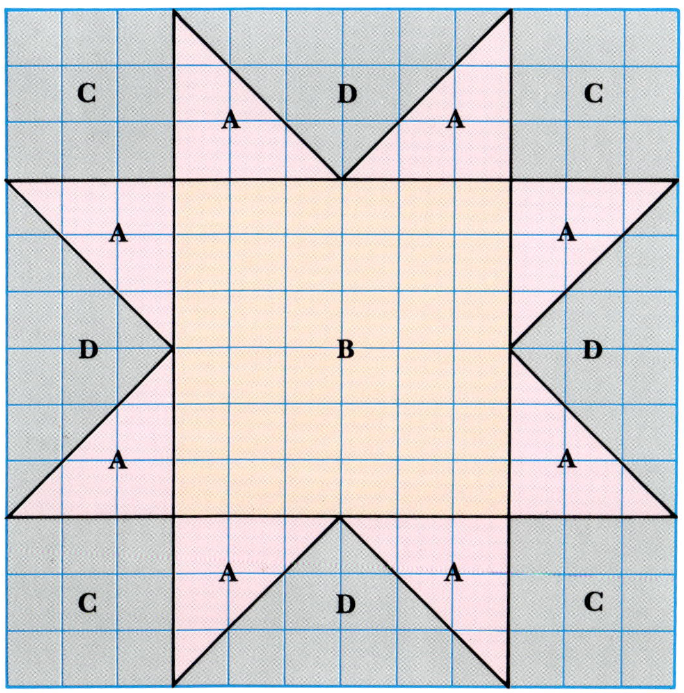

Birds in the Air: Schwalbenmuster

Dieses reizende, schlichte Muster verarbeitet über die Jahre hin angefallene Stoffreste zusammen mit neu gekauftem Stoff. Lassen Sie auch Bekannte und Freunde mitsammeln. Die Farben werden von einer Ecke zur anderen immer heller – so entsteht der optische Eindruck von Vögeln am Himmel. Auch die Zeit fliegt beim Arbeiten nur so dahin. Die fertige Decke ist 162 x 223 cm groß.

MATERIAL

30 Reste von verschiedenen hellen und dunklen Baumwollstoffen, mindestens 16 x 30 cm groß

3 m dunkelroter Baumwollstoff, 114 cm breit

1,8 m farblich passender heller Baumwollstoff, 114 cm breit

4,8 m Baumwollstoff für die Rückseite, 114 cm breit

230 x 275 cm Wattierung

2 Rollen graues Baumwollnähgarn zum Nähen

2 Rollen rotes Baumwollnähgarn zum Steppen

Schneidematte

Sprühklebstoff

Schnittmusterpapier mit 5-cm-Raster

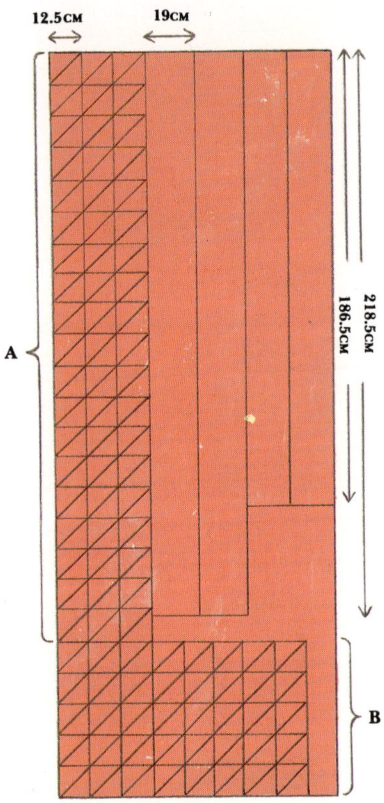

A 18 REIHEN VON JE 3 QUADRATEN = 108 DREIECKE
B 5 REIHEN VON JE 8 QUADRATEN = 80 DREIECKE

1 *Die roten Dreiecke sind mit dem Rollschneider schnell ausgeschnitten. Schneiden Sie nach der Vorlage zuerst 12,5 cm breite Streifen, die Sie in 90 Quadrate unterteilen (siehe Seite 99). Halbieren Sie diese wiederum diagonal zu 180 Dreiecken. Als Umrahmung schneiden Sie schließlich noch 4 rote Streifen zurecht. Die großen kontrastierenden Dreiecke werden aus hellem Stoff geschnitten: zuerst 32,5 cm breite Streifen und daraus 15 Quadrate mit ebenfalls je 32,5 cm Seitenlänge. Diese werden wiederum in 30 Dreiecke halbiert.*

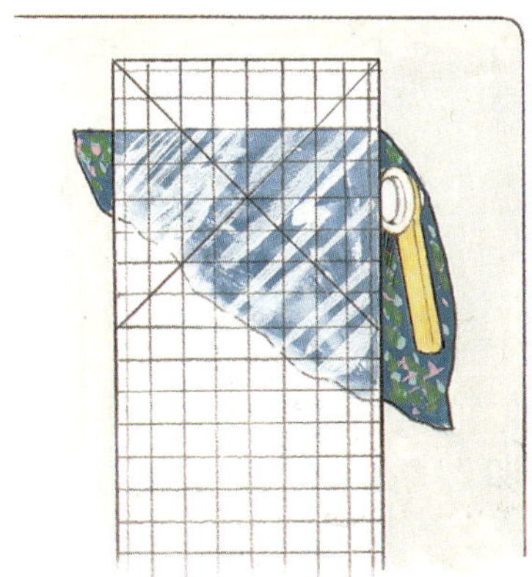

2 *Legen Sie auf der Unterlage die Schablone auf einen Stoffrest und schneiden Sie mit dem Cutter einen rechten Winkel an einer passenden Ecke zu. Die Schnittkanten müssen mit dem Fadenlauf des Gewebes übereinstimmen.*

Schwalbenmuster

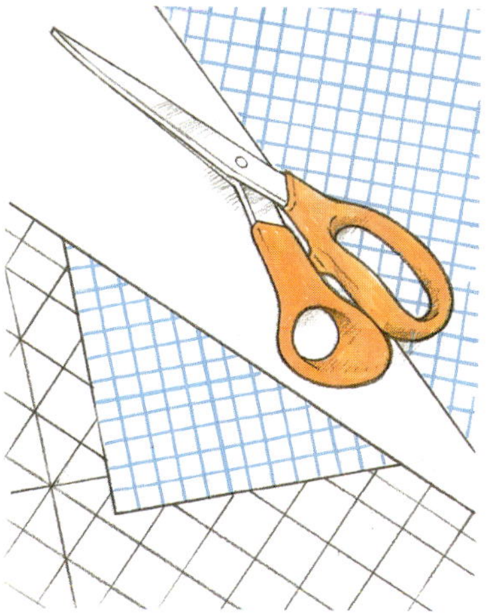

3 Für die kleine dreieckige Schablone messen Sie auf dem Papier einen rechten Winkel mit 12,5 cm Seitenlänge ab und verbinden die beiden Endpunkte mit einer größeren diagonalen Linie. Die Schablone berücksichtigt bereits die Nahtzugabe von knapp 8 mm an allen Seiten. Schneiden Sie das Dreieck aus und kleben Sie es auf eine Schablonierfolie mit Kästchen- oder Karomuster.

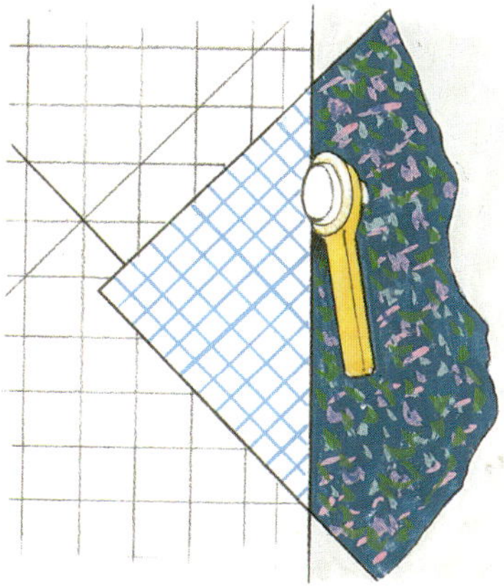

4 Legen Sie die Vorlage deckungsgleich auf den rechtwinkligen Zuschnitt auf dem Stoffrest. Schneiden Sie entlang der Schablone den Stoff ab. Wiederholen Sie Schritt 2 bis 4, um aus jedem Stoffrest 3 Dreiecke zu schneiden. Beachten Sie immer den Fadenlauf! So erhalten Sie schließlich 90 Dreiecke.

Schwalbenmuster

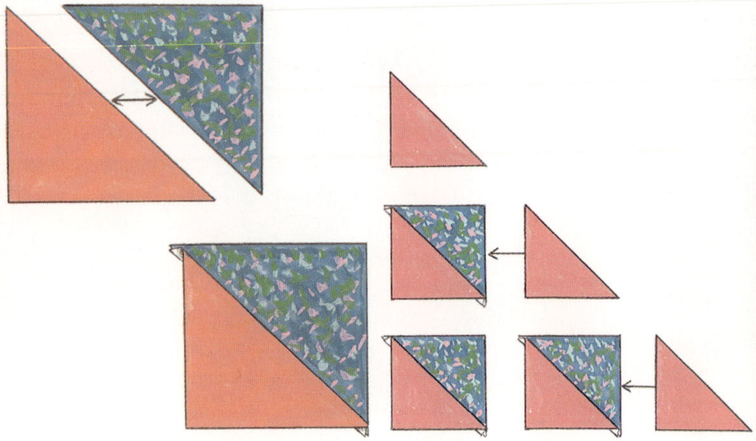

5 Stecken Sie die bunt gemischten Dreiecke jeweils – rechts auf rechts – mit einem roten Dreieck zusammen, und zwar an der diagonalen, langen Seite. Nähen Sie die Nähte nach der Anleitung von Seite 100. Prüfen Sie, ob alles exakt sitzt. Bügeln Sie den Saum für die Umrandung nach hinten um (siehe Seite 100).

6 Legen Sie je 3 fertige Kästchen und 3 lose Dreiecke für die „Schwalben" zusammen. Nähen Sie zuerst die beiden unteren losen Dreiecke wie mit den Pfeilen angedeutet an.

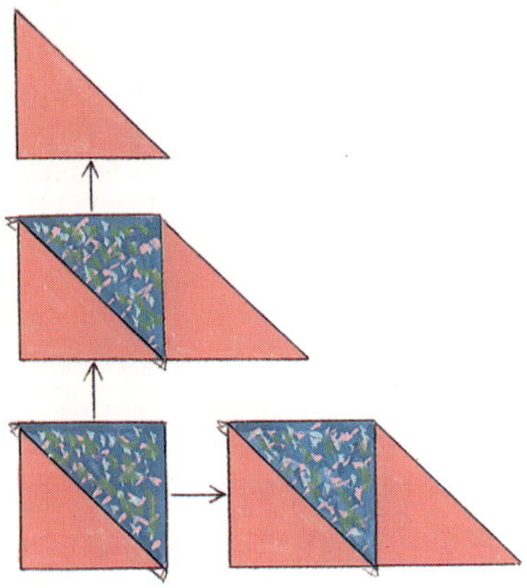

7 Schließlich nähen Sie das restliche Quadrat an und verbinden die Reihen, so daß Sie ein gemustertes großes Dreieck erhalten.

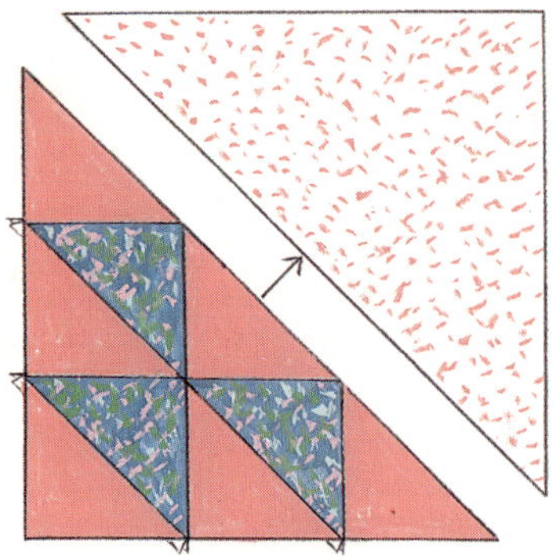

8 Dieses gemusterte Dreieck nähen Sie mit der langen Seite an ein Dreieck aus dem hellen Stoff an. Bügeln Sie die Säume nach beiden Seiten. Der fertige Block hat eine Seitenlänge von 31,5 cm.

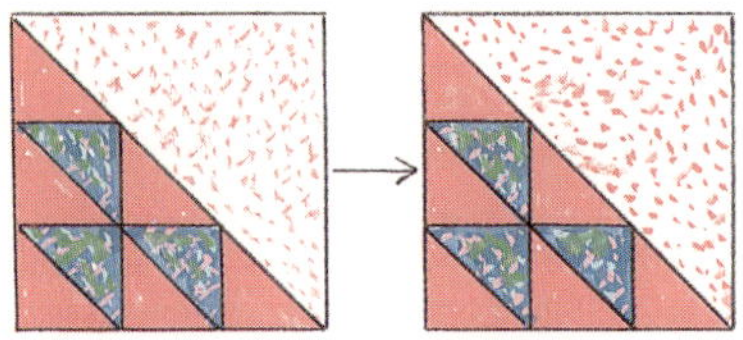

9 Nachdem Sie alle dreieckigen Flicken auf diese Weise verarbeitet haben, legen Sie die entstandenen Blocks nach dem vorgegebenen Schema aneinander, so daß sich immer helle und dunklere Stoffkanten abwechseln. Nähen Sie zuerst jeweils 2 Blocks zusammen.

10 Verbinden Sie jeweils 2 Paare und einen einzelnen Block zu einer Stoffreihe.

11 *Wenn Sie alle Reihen fertig haben, legen Sie sie nebeneinander, stecken sie zusammen und nähen sie in gewohnter Manier aneinander.*

Messen Sie die fertigen Kanten nach. Kleine Unregelmäßigkeiten gleichen Sie nach der Vorgabe von Seite 102 aus. Schneiden Sie aus dem roten Stoff einen 19 cm breiten Rand – 2 Streifen mit 186,5 cm Länge, 2 mit 218,5 cm. Arbeiten Sie die diagonal aufeinanderstoßenden Ecken nach der Anleitung von Seite 103.

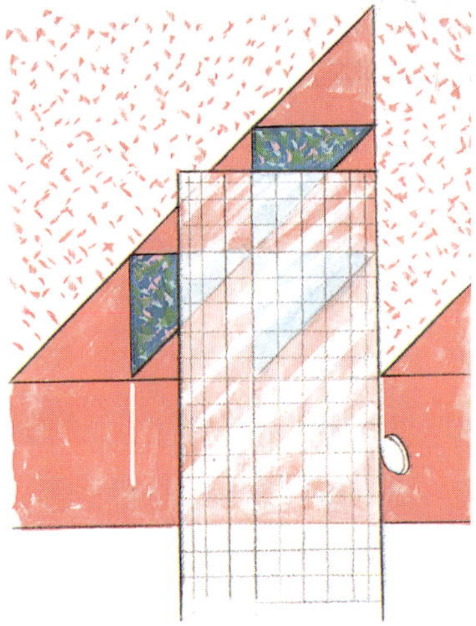

12 *Markieren Sie mit Hilfe der Schablone mit einem Seifenspan ein rechteckiges Raster von Stepplinien auf dem hellen Stoff. Orientieren Sie sich dabei an den Musterlinien. Der Rand wird mit Linien markiert, die die Schwalbenmuster fortführen. Die Steppstiche reichen etwa 10 cm in den Rand hinein.*

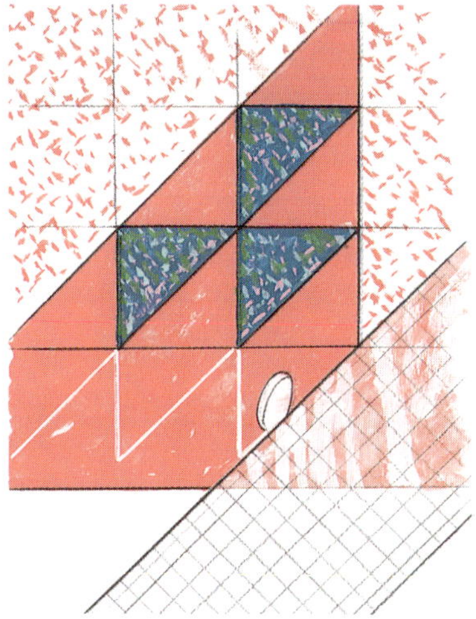

13 *Verbinden Sie die geraden Linien mit Diagonalen. Auch die 4 Ecken erhalten je eine diagonale Stepplinie.*

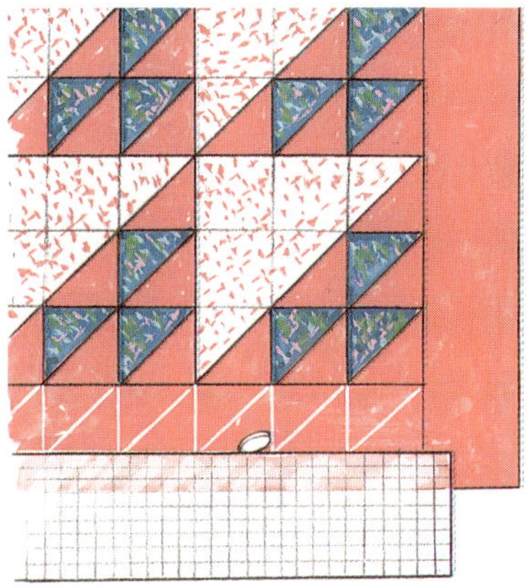

14 *Markieren Sie auch die Randlinie um die Außenkante des Quilts, die die Zickzacklinie abschließt. Bereiten Sie das Steppen nach den Anleitungen von Seite 104 vor.*

Man tut sich leichter, wenn man das Schwalbenmotiv in 2 Arbeitsschritten steppt: zuerst das Raster aus geraden Linien, in der Mitte beginnend. Am Anfang jeder Naht liegen einige sehr kurze Stiche, bevor sie länger gestellt werden. Fixieren Sie auch das Nahtende mit kleinen Stichen.

Anschließend arbeiten Sie die Zickzackmuster. Beim Wenden bleibt die Nadel jeweils im Stoff stecken, damit sich eine exakte Ecke ergibt. Am Rand arbeiten Sie gerade und schräge Linien in einem Stück.

Nach den Anleitungen von Seite 102 schneiden Sie alle 3 Schichten an den Kanten glatt ab. Schlagen Sie den Saum auf die Rückseite, wobei Sie wiederum einen kleinen knapp 8 mm breiten Saum falten. Nähen Sie die Kante mit der Maschine von der Rückseite her fest an.

Freie Muster

Nie war es einfacher als heute, Stoffe nach unseren persönlichen Vorstellungen selbst zu gestalten. Moderne Stoffarben erlauben verschiedenste raffinierte Techniken – von Drucken über Batik bis zum Seidenmalen.

Mohnblüten in Schabloniertechnik

Die großen Mohnblüten werden mit Hilfe einer Schablone mit Autolack aufgesprüht. Erstaunlicherweise trocknet der Lack nicht zu einer starren Schicht auf. Der besprühte Baumwoll-Polyester-Stoff läßt sich sogar waschen. Vor dem Beginn sollten Sie die Herstellerangaben gut durchlesen: die Farbe nur dünn aufsprühen und zuerst auf einem Stoffrest probieren. Die Quadrate sind direkt beim Zusammennähen auf die Unterlage gesteppt, was die Arbeit erleichtert. Der fertige Quilt ist 171 x 208 cm groß, kann aber durch breitere Ränder nach Belieben vergrößert werden.

Rechnen Sie zu allen Maßen 12 mm Saum hinzu.

MATERIAL

- 4,5 m weißer Baumwoll-Polyester-Stoff, 228 cm breit
- 1 m grüner Baumwoll-Polyester-Stoff, 227 cm breit
- 6,5 m dicke Wattierung
- 4 Rollen weißes Polyesternähgarn
- 1 Rolle blaßgrünes Polyesternähgarn
- Autosprühlack in Rot, Grün und Schwarz
- Schnittmusterpapier mit 5-cm-Raster
- schwarzer Wäsche- oder Stoffmalstift
- wasserfester Stift
- Kreppband
- Sprühklebstoff
- Schablonierfolie, quadratisch zugeschnitten, mit 46 cm Kantenlänge

1 *Vergrößern Sie die Mohn-Vorlage von Seite 39 auf das gerasterte Papier, wie auf Seite 97 beschrieben. Schneiden Sie eine 46 cm große Schablonierfolie zurecht. Markieren Sie an den Ecken durch kleine Winkel innerhalb der Folie nochmals ein 42 cm großes Quadrat (der Rand ist 12 mm breit), das genau das Stoffquadrat überdeckt. Legen Sie die Schablonierfolie auf eine glatte Unterlage und fixieren Sie sie mit dem Klebeband, nachdem Sie die Mohn-Vorlage darunter gelegt haben. Übertragen Sie die Umrisse der Vorlage mit dem wasserfesten Stift auf die Folie. Markieren Sie die Oberkante mit einem Kreuzchen.*

2 *Schneiden Sie mit einem scharfen Cutter die Umrisse der Blüten und Blätter nach. Ausrutscher können mit Kreppband wieder zugeklebt werden. Legen Sie die Schablone auf einen großen Bogen Papier, fahren Sie die Linien der Blüten nach. Schneiden Sie diese aus. Sie brauchen sie zum Abdecken, wenn Sie das Innere der Blüten schwarz sprühen. Auch weitere Abdeckungen sind sinnvoll, wenn nur einzelne Teile der Schablone gesprüht werden sollen.*

Mit dem Rollschneider (siehe Seite 99) schneiden Sie 40 je 42 cm große Quadrate aus dem weißen Stoff zurecht. In derselben Größe fertigen Sie 20 Quadrate aus der Füllung. Legen Sie 20 weiße Stoffquadrate für die Rückseite beiseite.

Mohnblüten

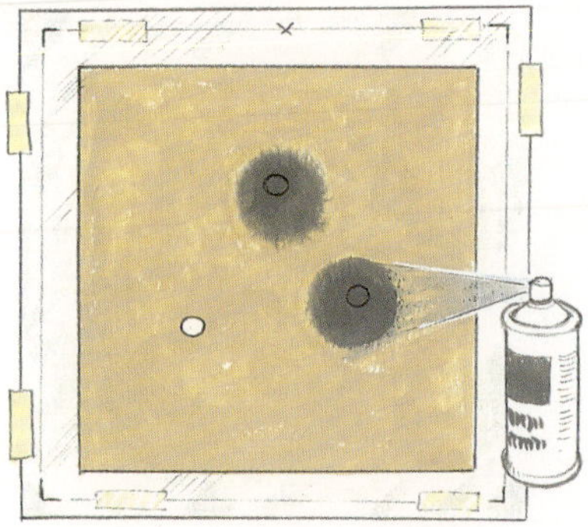

3 Bedecken Sie den Arbeitstisch mit Zeitungspapier und sprühen Sie eine dünne Schicht Klebstoff auf die Schablonenrückseite. Legen Sie ein Stoffquadrat mit der Vorderseite nach oben auf den Tisch. Legen Sie die Schablone mit den Markierungen genau auf den Stoffecken auf den Stoff; die klebende Seite der Schablone nach unten. Decken Sie die Maske aus Schritt 2 darüber. Schütteln Sie den schwarzen Sprühlack gut durch und sprühen Sie die 3 Punkte für das Innere der Mohnblüten auf. Lassen Sie das Ganze trocknen, nachdem Sie alle 20 Quadrate auf diese Art besprüht haben.

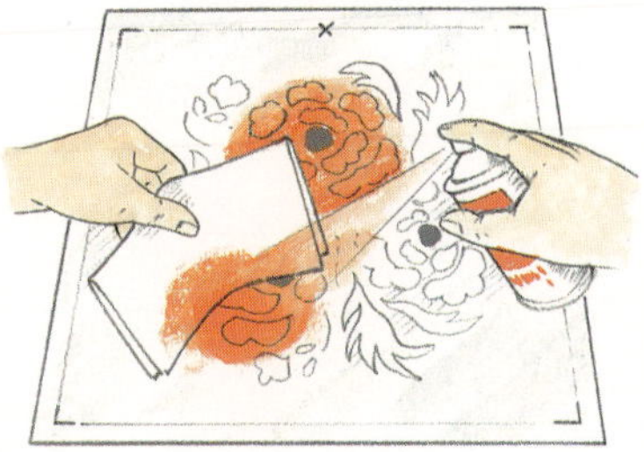

4 Sprühen Sie als nächstes die roten Blütenblätter. Legen Sie die Folie – als Orientierung dienen die bereits gesprühten schwarzen Kleckse – genau auf. Zum Schutz der grünen Flächen halten Sie einen Bogen Papier an die Schablone. Sprühen Sie aus etwa 20 cm Entfernung. Es macht nichts, wenn etwas Rot in die Aussparungen für die grünen Blätter gelangt. Alle 20 Stoffquadrate besprühen und trocknen lassen. Grüne Blätter nach derselben Methode sprühen. Zum Schluß mit dem Stoffmalstift feine Pünktchen in die Blütenmitten tupfen.

5 Zum Steppen legen Sie zunächst ein Quadrat der Wattierung zwischen zwei Stoffquadrate. Die besprühten Quadrate sind für die Oberseite gedacht. Alle Kanten müssen genau übereinstimmen. Stecken Sie zunächst Ränder, dann Blätter und Stiele mit Nadeln fest und steppen Sie sie mit der Maschine in freien Linien nach, ohne zu oft abzusetzen (siehe Seite 106). Steppen Sie die Blütenblätter in ähnlicher Weise nach, bis alle 20 Stoffquadrate fertig sind. Fadenenden nach hinten ziehen und verknoten (siehe Seite 106). Die Kanten können sich während des Arbeitens leicht verziehen. Schneiden Sie sie also am Schluß nochmals zu exakt 42 cm Seitenlänge zurecht.

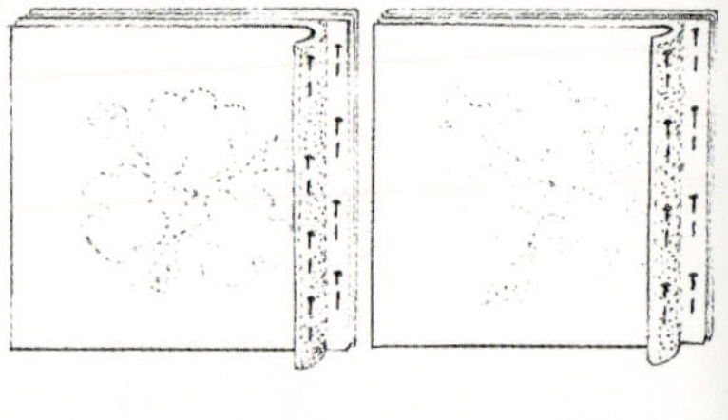

6 Markieren Sie die Oberkante jedes Quadrats mit ein paar Stecknadeln und legen Sie sie in 5 horizontalen Reihen von je 4 Quadraten zusammen. Legen Sie in der richtigen Reihenfolge Paare zusammen (Vorderseiten aufeinander). Stecken Sie Rückseite und Fütterung mit Nadeln zurück, damit sie nicht stören. Stecken und nähen Sie die Vorderseiten mit einem 12 mm breiten Saum aneinander (Nähtechnik siehe Seite 100). Falten Sie die Säume auf und streichen Sie sie mit den Fingern glatt (siehe Seite 100). Legen Sie die Paare wieder in der richtigen Reihenfolge zusammen und nähen Sie 5 Reihen aus je 4 Quadraten.

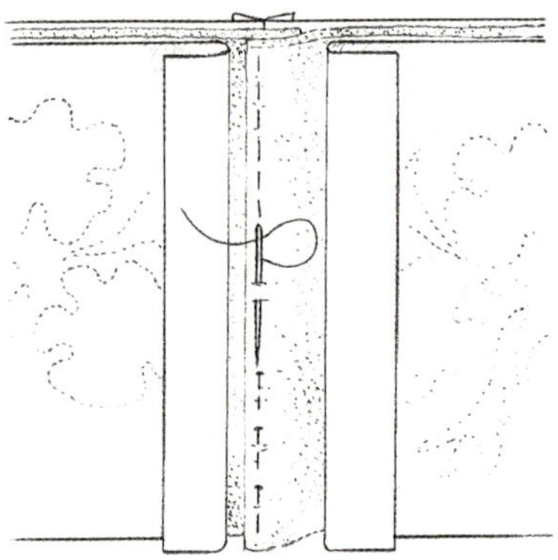

7 Legen Sie bei zurückgeschlagenem Rückenstoff die Kanten der Füllung aufeinander, stecken und nähen Sie sie mit einfachen Heftstichen (siehe Seite 98) zusammen. Darauf achten, daß die Muster auf der Vorderseite sich nicht verschieben und der Vorderstoff nicht mit eingenäht wird.

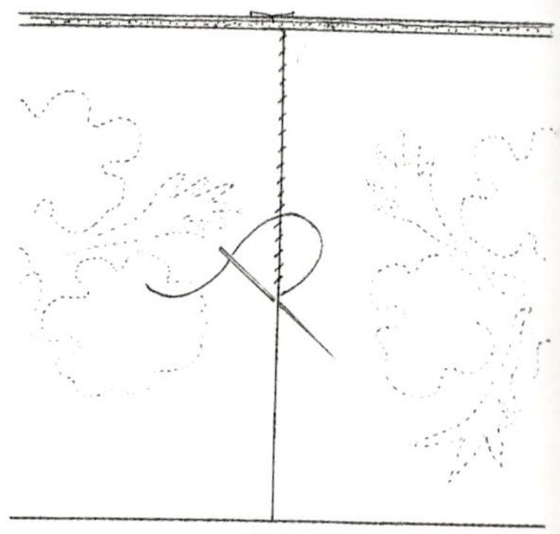

8 Falten Sie die Säume des Rückenstoffs nach innen, stecken und nähen Sie sie zusammen wie auf der Zeichnung. Die Saumstiche sollten an den Ecken nicht durch die Füllung gehen. Nähen Sie nach derselben Methode die langen Stoffstreifen zusammen.

Mohnblüten

9 *Schneiden Sie 4 je 21,5 cm breite Randstreifen zurecht: 2 x mit einer Länge von 191,5 cm, 2 x mit 193,5 cm. Schneiden Sie für die Füllung 4 ebensolange Streifen aus dem Vlies zurecht. Legen Sie einen Vliesstreifen vor sich hin. Darauf kommt – mit der Oberseite nach oben – ein Stoffstreifen. Darüber kommt der Quilt – mit der Oberseite nach unten –, so daß alle Schnittkanten aufeinander liegen. Feststecken und an der gegenüberliegenden Seite wiederholen. Nähen Sie die Säume mit der Maschine nach, öffnen Sie sie, und pressen Sie sie mit den Fingern. Nähen Sie die 2 restlichen Stoffstreifen oben und unten an.*

10 *Markieren Sie mit einem Seifenspan 3 Stepplinien um den Rand (5 cm Abstand), die Sie mit Stecknadeln nachstecken und mit der Maschine nachnähen.*

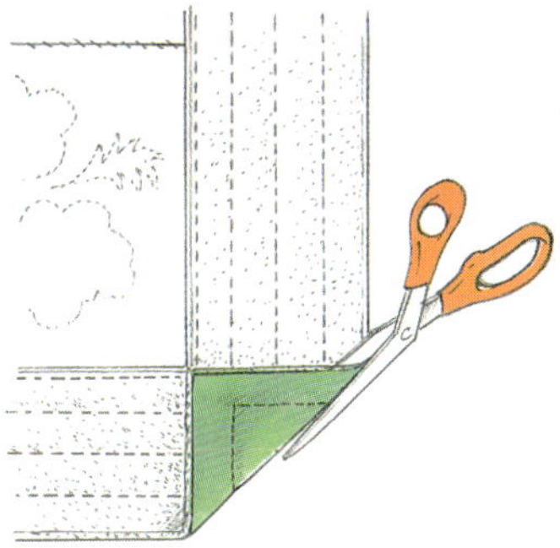

11 *Legen Sie den Quilt mit der Oberseite nach unten auf den Tisch und falten Sie die gesteppten Ränder zu einem Saum um. Damit die Ecken nicht zu dick werden, schneiden Sie etwas Stoff ab, bevor Sie den Stoff einschlagen und nach der Anleitung auf Seite 103 diagonal aneinandernähen.*

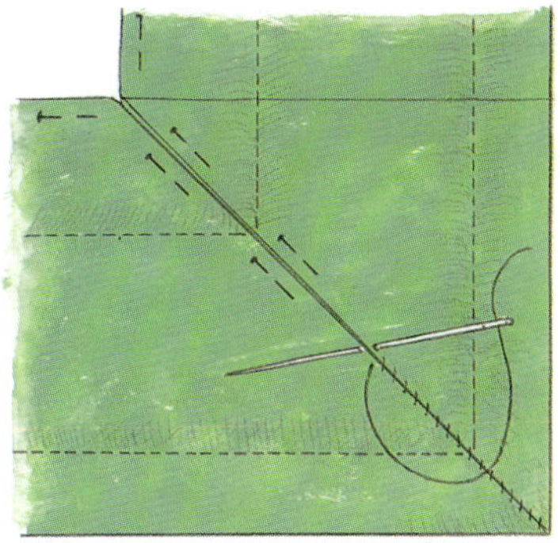

12 *Nähen Sie die Außenkanten mit einem sauberen Saum aufeinander.*

Bonbonfarben fürs Kinderzimmer

Die lustigen Geometriemuster fürs Kinderbettchen sind in kräftigen Bonbonfarben gehalten. Sie werden mit Hilfe von Kartoffelstempeln bzw. Karotten mit Stoffarbe auf den Stoff gedruckt. Sie benötigen für jede Form nur einen Stempel, den Sie immer wieder verwenden. Die Farben werden mit dem heißen Bügeleisen dauerhaft fixiert, so daß der Stoff waschbar ist.
Der fertige Quilt mißt 70 x 100 cm.

MATERIAL

1,6 m weißer Baumwollstoff, 114 cm breit

80 x 110 cm Wattierung

1 Rolle weißes Baumwollnähgarn

je 1 Glas Stoffmalfarbe in Gelb, Rosa, Hellgrün und Lila

2 Gläser weiße Stoffmalfarbe

3 große Kartoffeln

1 Karotte

feiner Bleistift

Pinsel

Wasserglas

Untertasse (oder Schraubdeckel)

Cutter

wasserfester Stift

Küchenpapier

Plastikfolie, etwa 80 x 110 cm groß (eventuell große Plastiktüte zerschneiden)

2 Stücke Filz (oder eine alte Decke), 80 x 100 cm groß

Kreppband

Schablonierfolie oder Karton

Schnittmusterpapier mit 5-cm-Raster

1 Markieren Sie mit Hilfe der Vorlage rechts (sie entspricht einem Viertel des Gesamtmusters) Umrandung, Mittelkreuz und die 4 Rauten-Bereiche auf dem Musterpapier. Übertragen sie je ein Muster der Rauten, Dreiecke und Quadrate in diese Vorlage. Übertragen Sie auch je eine Form einzeln auf Papier, anschließend auf die Schablonierfolie und schneiden Sie sie aus.
Mit Hilfe dieser Schablone alle äußeren Dreieck- und Kästchenmuster auf die Vorlage übertragen.

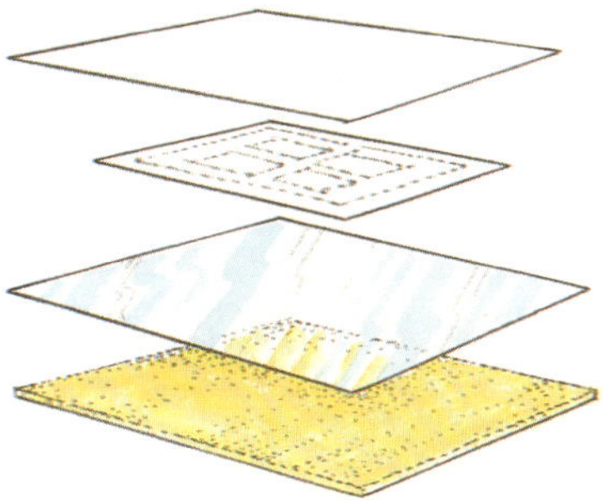

2 Schneiden Sie den weißen Baumwollstoff für Vorder- und Rückseite in 2 je 73 x 103 cm große Hälften. Waschen Sie ihn, um eine mögliche Appretur zu entfernen, und bügeln Sie ihn. Bedecken Sie den Arbeitstisch mit dem Filz und der Plastikfolie (mit Kreppband ankleben), so daß beides nicht verrutschen kann. Kleben Sie die Vorlage darüber und legen Sie den weißen Stoff auf. In keiner Schicht dürfen sich Falten bilden. Mit feinem Bleistift markieren Sie die äußeren Stepplinien auf dem Stoff.

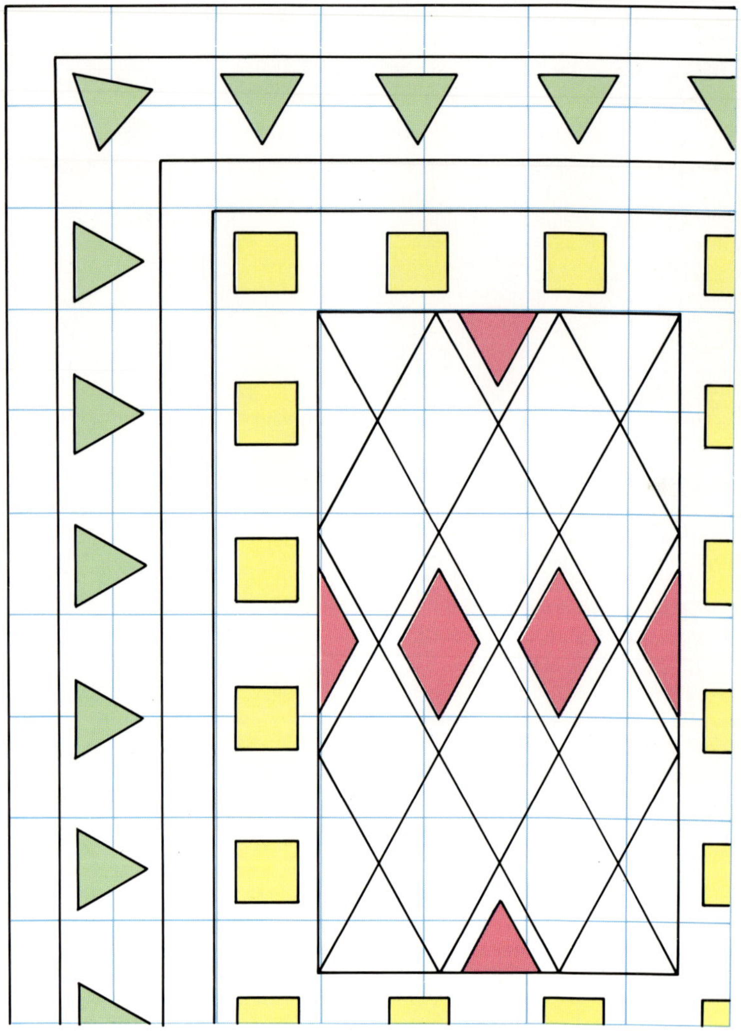

RAPPORT-VORLAGE FÜR DAS GEOMETRISCHE MUSTER:

1 KÄSTCHEN = 5 CM

Zeichnen Sie mit Hilfe dieser Schablone (ein Viertel des gesamten Musters) das Dessin auf den weißen Baumwollstoff. Vergrößern Sie die Quadrate, Dreiecke und Rauten auf die angegebene Größe. Schneiden Sie nach dieser Vorlage Kartoffelstempel zurecht.

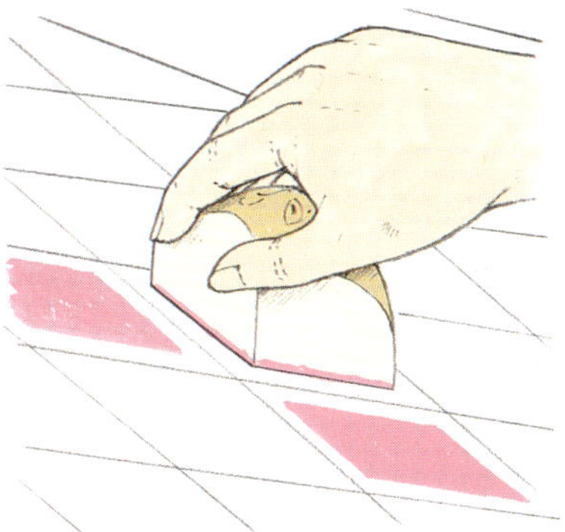

3 Halbieren Sie die Kartoffeln mit einem glatten Schnitt. Mit dem Cutter schneiden Sie alle benötigten Teile (Schablonen) aus: ein Dreieck, ein Quadrat, eine Raute und ein weiteres Rechteck für die zweite Farbe. Der Stempel muß sich gut fassen lassen. Eine halbierte Karotte ergibt den runden Stempel für die lila Tupfen.

4 Mischen Sie je etwa 1 EL weiße und rosa Stoffarbe auf der Untertasse. Tropfen sofort mit Küchenpapier abwischen. Bevor Sie den Stoff bedrucken, probieren Sie die Stempel auf einem Papierfetzen aus. Streichen Sie mit einem Pinsel rosa Farbe auf den Rautenstempel. Drücken Sie ihn genau zwischen die Rauten-Linien des untergelegten Rasters.

Drucken Sie alle Rauten des ersten Viertels. Zwischendurch immer wieder die Stempelkanten säubern, damit die Drucke nicht schmierig wirken. Von Zeit zu Zeit auch Hände und Pinsel waschen.
Mischen Sie anschließend je 1 EL der anderen Farben mit je 1 EL weißer Stoffarbe. Drucken Sie, in der Mitte beginnend, die restlichen Muster nach. Nach dem Trocknen wird der Stoff von der Rückseite gebügelt, um die Farben zu fixieren. Gehen Sie dabei genau nach den Herstellerangaben vor.

Nach den Anleitungen auf Seite 104 legen Sie die verschiedenen Schichten übereinander und nähen mit der Maschine die markierten Bleistiftrauten und Zwischenlinien nach. Zum Schluß wird die Decke nach den Vorgaben auf Seite 104/105 eingesäumt.

Bunte Bettdecke

Bei diesem tollen Projekt können Sie den Stoff selber genau im gewünschten Farbton einfärben. Für den Färbevorgang ist keine spezielle Ausrüstung nötig. Auch der Rückenstoff sollte bei einer perfekt ausgeführten Decke gefärbt werden. Verarbeiten Sie die Farben genau nach den Herstelleranweisungen. Wenn Sie die Spezialfarben nicht erhalten, können Sie Stoffe mit normalen Batikfarben einfärben. Der fertige Quilt ist 151 x 232 cm groß.

MATERIAL

6,5 m weißer Baumwollstoff, in der Kochwäsche auf 95 Grad mit einem milden Waschmittel vorgewaschen

25 g Procion-Stoffarbe in Rot, Goldgelb und Lila

152 x 243 cm Wattierung

1 Rolle graues Baumwollnähgarn zum Nähen

1 Rolle lila Baumwollnähgarn zum Steppen

3-4 große Plastikwannen

1 großer Eimer

Metallöffel zum Mischen der Farben

Salz

Spezialpulver zum Lösen der Farbe

Soda

Kartonquadrat mit 33 cm Seitenlänge

1 *Waschen Sie den Stoff und reißen Sie ihn der Breite nach in Streifen: 3 x je 46 cm breit für die Farben A und C, 2 x je 30 cm breit für die Farben B und D, einmal 61 cm breit für die Farbe E.*
Schneiden Sie 2 je 64 cm breite Streifen der Länge nach herunter. Sie werden für den Rand benötigt.

Mischen Sie 8 ml roten Farbstoff und 12,5 ml lila Farbstoff mit 45 ml Lösungspulver und etwas Wasser. Dazu kommen 350 g in etwa 1-2 l Wasser gelöstes Salz. Je geringer die Verdünnung, desto besser gelingt die Maserung. Lassen Sie die Lösung etwas abkühlen, bevor Sie die Farbmischung zugeben. Gießen Sie alles in einen Eimer und halten Sie einen 30-cm-Stoffstreifen (Farbe D) hinein. Ganz eintauchen, dann möglichst nicht mehr bewegen. Die Farbe ist sehr kräftig. Für hellere Töne verwenden Sie weniger Farbe oder mehr Stoff. Stoff 10 Minuten ziehen lassen und dann 45 ml Soda, in 1 l warmem Wasser gelöst, zufügen.

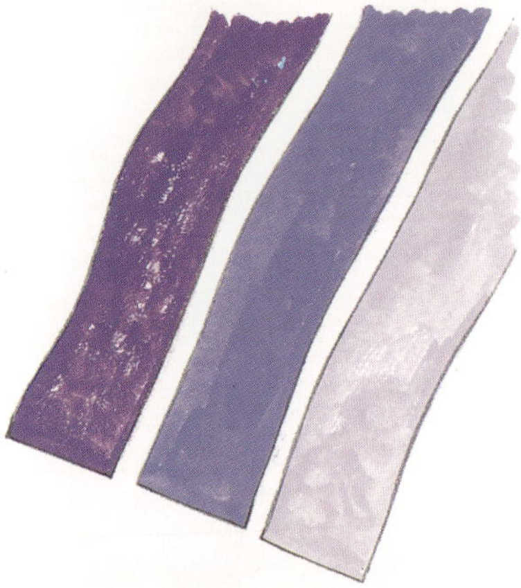

2 *Warten Sie nochmals 10 Minuten, dann fügen Sie den 61 cm breiten Stoff für Farbe E zu. Mit einer dunklen Grundfarbe lassen sich mindestens 5 hellere Abstufungen zaubern. Lassen Sie den Stoff 3 Stunden im Farbbad, bevor Sie ihn in kaltem Wasser ausspülen. Wenn das Wasser klar ist, waschen Sie ihn mit etwas mildem Waschpulver in der Waschmaschine.*

3 *Für einen Wolken- oder Marmoreffekt in Farbe A mischen Sie 1½ TL Rot und 3 TL Gelb in getrennten Gefäßen mit warmem Salzwasser (350 g Salz, 1 l kochendes Wasser). Stopfen Sie in Zufallsmanier zwei 46 cm breite Stoffstreifen in 2 Plastikwannen. Gießen Sie mit dem Löffel rote und gelbe Farbstreifen darauf. Wo sich beide Töne mischen, entstehen Zwischentöne.*
Nach 10 Minuten Einwirkzeit fügen Sie wie in Schritt 1 Soda hinzu.

4 *Rühren Sie den Stoff etwas um, damit sich die Farben noch besser mischen. Nach 30 Minuten Einwirkzeit waschen Sie den Stoff in fließendem kalten Wasser aus. Für Farbe B tauchen Sie einen 30 cm langen Stoffstreifen in die restliche Farbe und lassen ihn etwa 30 Minuten stehen. Anschließend ebenfalls gut durchspülen und in der Waschmaschine mit einem milden Waschmittel waschen.*

Bunte Bettdecke

5 Für die Randstreifen mischen Sie 8 ml Rot und 8 ml Lila in eine warme Salzlösung aus 350 g Salz und 1 l Wasser. Legen Sie die 64 cm langen Stoffstreifen in regelmäßigem Faltenmuster in die Wanne. Heben Sie den Stoff an einer Seite hoch und gießen Sie die Farbmischung ein. Sie soll den Stoff von unten durchdringen. 30 Minuten ruhen lassen und anschließend wie in Schritt 1 die Sodamischung aufgießen. Nochmals 30 Minuten abwarten, dann die oberen Stoffalten in die Farbe drücken. Die unteren Schichten werden dunkel gemasert, die oberen heller. Nochmals 30 Minuten einwirken lassen, herausnehmen und unter fließendem kalten Wasser ausspülen. Anschließend wie die anderen Stoffstreifen zuvor in der Maschine waschen. Diese Stoffstreifen ergeben die Farbe F.

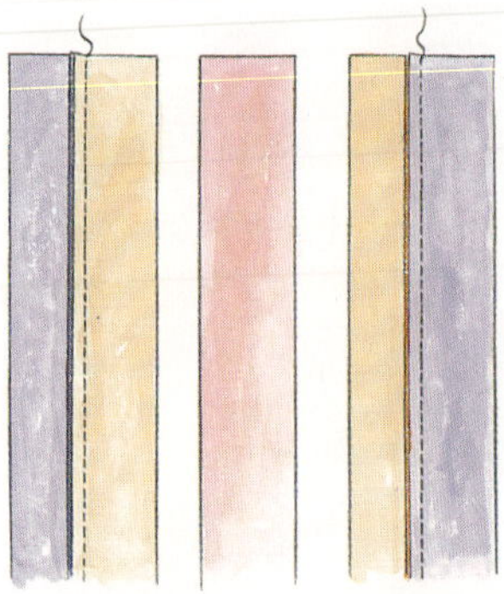

6 Mit dem Rollschneider (siehe Seite 99) werden von den Farben B und E 4 je 5 cm breite Streifen geschnitten. Von Farbe A folgen zwei je 6,5 cm lange Streifen. Nähen Sie zunächst die Streifen B und E und anschließend diese mit A zusammen (Anleitung siehe Seite 100), die Vorderseiten liegen dabei aufeinander. Gut bügeln. Die gestreifte Stoffbahn ist nun 22,5 cm breit.

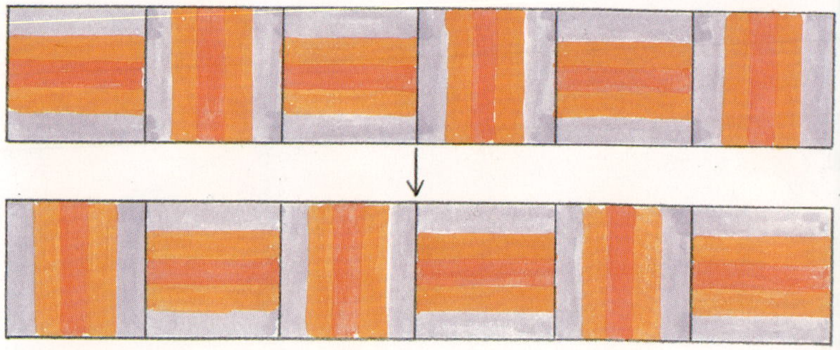

7 Mit dem Rollschneider (siehe Seite 99) teilen Sie nun die gestreifte Stoffbahn in 12 Blocks mit je 22,5 cm Seitenlänge. Legen Sie sie wie auf der Zeichnung zusammen – die Streifen laufen abwechselnd längs und quer. Nähen Sie 2 Stoffbahnen aus je 6 Blocks. Bügeln Sie die Säume auseinander (siehe Seite 100). Verbinden Sie nun auch noch die beiden Stoffbahnen der Länge nach.

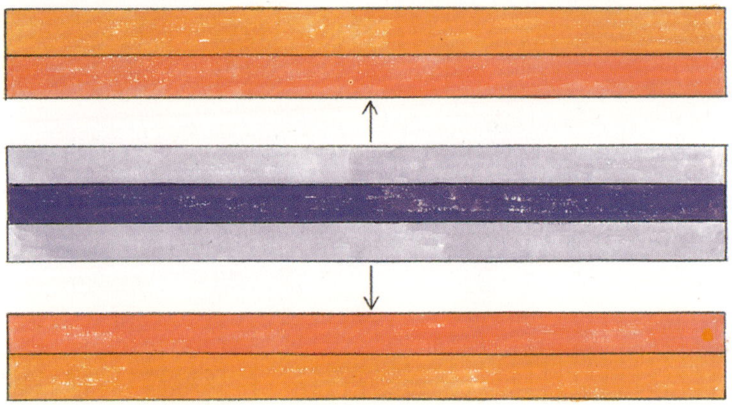

8 Schneiden Sie aus den Farben A, B und E je 2 Streifen mit 4 cm Breite zurecht; aus der Farbe D einen einzelnen Streifen mit ebenfalls 4 cm Breite. Nähen Sie sie wie auf der Zeichnung links zusammen. Die Stoffbahn ist nun 19 cm breit.

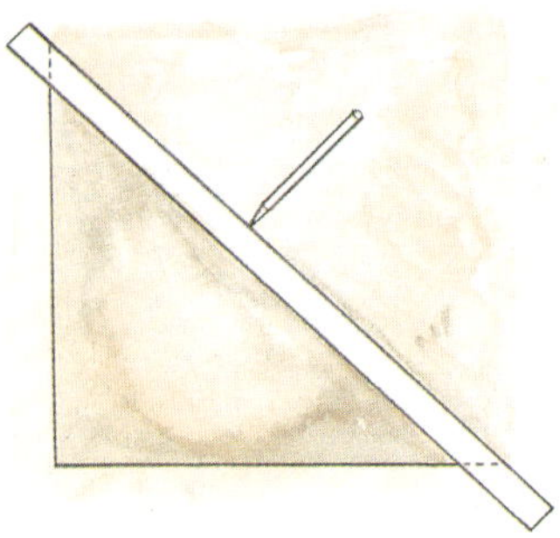

9 Schneiden Sie aus dem Karton eine Dreieck-Schablone. Die beiden Schenkel des Dreiecks sollen je 27,5 cm lang sein.

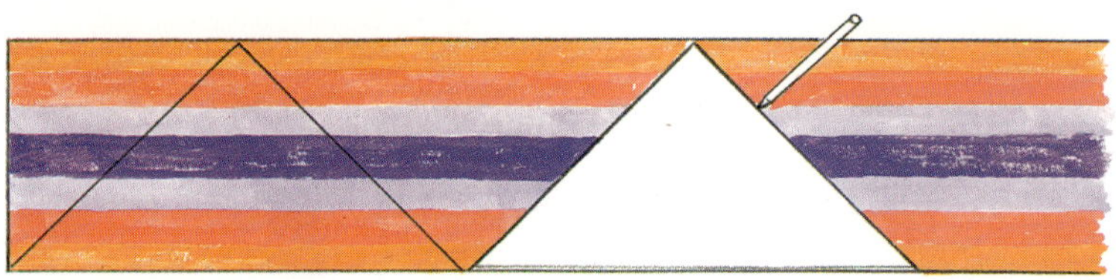

10 Legen Sie die Schablone wie gezeigt auf die Rückseite des längs gestreiften Stoffs. Mit spitzem Bleistift markieren Sie 4 Dreiecke und schneiden sie aus.

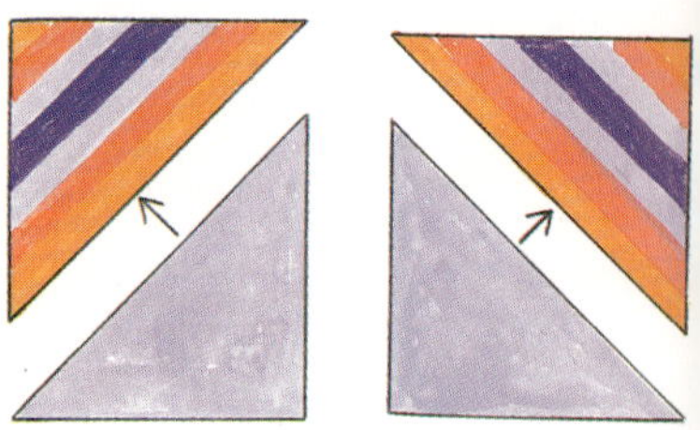

11 Mit derselben Schablone schneiden Sie 4 weitere Dreiecke aus Farbe E. Nähen Sie je ein gestreiftes und einfarbiges Dreieck zu einem Quadrat zusammen.

12 *Schneiden Sie aus Farbe A und C 2 je 12 cm breite Streifen und aus Farbe D 2 je 6,5 cm breite Streifen. Verbinden Sie jeden A-Streifen mit einem C-Streifen und jeden D-Streifen mit einem C-Streifen. Gut bügeln und die Streifen in 2 je 127,5 cm lange und 2 je 43,5 cm Stücke teilen.*

Die verbleibenden langen gestreiften Stoffbahnen nähen Sie wie auf dem Bild an die Mittelkaros. Nähen Sie je ein diagonal gestreiftes Stoffquadrat an die kürzeren längsgestreiften Stoffbahnen. Bügeln. Oben und unten an den fertigen Teil des Quilts annähen. Nochmals bügeln.

Schneiden Sie aus Farbe F 2 Randstreifen von je 25,5 x 180,5 cm und 2 kürzere von je 25,5 x 147,5 cm. Nähen Sie die längeren an die Längsseite des Quilts, bügeln Sie sie. Schließlich werden noch die kürzeren Randstreifen oben und unten festgenäht.

13 *Markieren Sie mit Hilfe einer Rasterschablone mit einem Seifenspan die Stepplinien, wie rechts gezeigt.*

14 *Stecken Sie nach den Anleitungen auf Seite 104 die Stoffschichten mit der Füllung aufeinander. Nach dem Stepplinienverlaufs-Diagramm unten steppen Sie die Nähte nach. Zuerst kommen die langen horizontalen Linien, dann die Mittellinie zwischen den Karos, dann die großen vertikalen Linien. Nun nähen Sie die geraden und schrägen kleineren Stepplinien rund ums Mittelmuster nach, anschließend die weiteren diagonalen Linien in der angedeuteten Reihenfolge. Die Kanten des Rückenstoffes werden wie auf Seite 106 beschrieben gesäubert.*

Schneiden Sie die Kanten des Vorderstoffes nach. Schneiden Sie aus dem Stoff der Farbe A Einfassungsstreifen zurecht und nähen Sie diese nach den Anleitungen auf Seite 104/105 um den fertigen Quilt.

Flotte Karodecke

Tolle, schnelle Muster rollen Sie mit einem kleinen Farbroller aus Schaumgummi auf. Stoffarbe ist in Dutzenden von Farbtönen erhältlich, die untereinander mischbar sind. Wählen Sie die Farben passend zu Ihrer Einrichtung. Der kleine Quilt hat mit 85 x 100 cm etwa die Maße eines Reiseplaids.

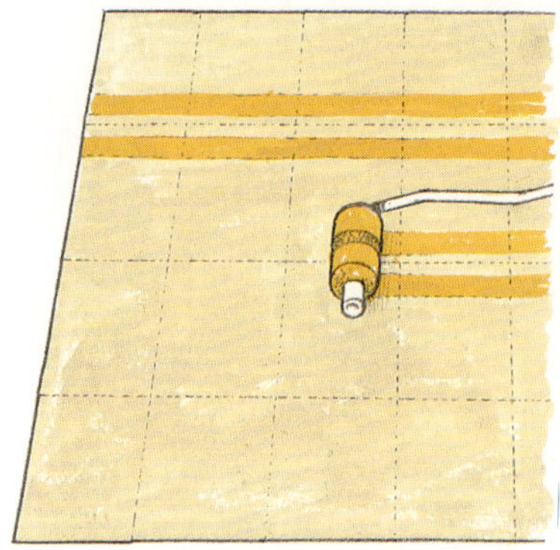

MATERIAL

1,8 m weißer oder cremefarbener Baumwollstoff für Vorder- und Rückseite, in der Mitte halbiert

90 x 100 cm Wattierung

1 Rolle cremefarbenes Baumwollnähgarn

je 1 Glas Stoffarbe in Gelb, Grün, Blau und Türkis

2 Gläser weiße Stoffarbe

1 schmaler Roller mit 2 Schaumgummiaufsätzen

Pinsel

große Plastikfolie (große Plastiktüte auseinanderschneiden)

Filz

Kreppband

Wasser

flacher Teller

Fön

1 *Bringen Sie auf einem der Stoffstücke Orientierungslinien an, indem Sie es gleichmäßig mehrmals zur Hälfte falten: auf der Längsseite 2 x, auf der Breitseite 3 x. So erhalten Sie 3 Längs- und 4 Querlinien. Kleben Sie mit Kreppband ein großes Stück Filz oder eine alte Decke auf den Arbeitstisch, darüber die Plastikfolie. Sie soll etwas größer als der Stoff sein. Zum Schluß den Stoff aufkleben.*

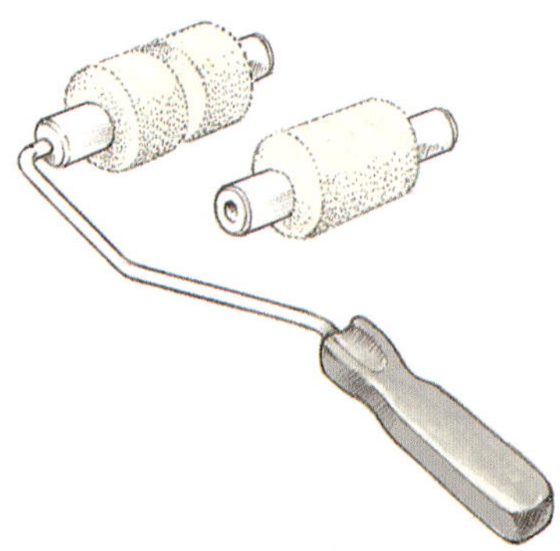

2 *Schneiden Sie die Schaumgummirollen in 2 je 2,5 breite bzw. eine 5 cm breite Rolle. Die doppelte Rolle wird für die grünen und gelben Bahnen benötigt, die einfache für Blau und Türkis.*

3 *Gießen Sie die gelbe Farbe in ein Marmeladenglas. Dazu kommt ⅓ der weißen Farbe aus einem Glas. Gut mischen und einen Teil davon auf den Teller geben. Etwas Farbe durch Rollen auf dem doppelten Roller verteilen. Den Roller über der mittleren Längsfalte abrollen, so daß sich eine gerade Doppellinie ergibt. Stellen, an denen der Stoff die Farbe nicht angenommen hat, werden mit dem Pinsel nachgebessert. Wiederholen Sie das Ganze an den beiden weiteren Längsfalten. Mit dem 5-cm-Roller ziehen Sie blaue Linien (Farbe wieder mit ⅓ Weiß mischen) zwischen den gelben Streifen. Lassen Sie die Farbe vor dem Weiterarbeiten gut trocknen. Eventuell mit dem Fön nachhelfen. Waschen und trocknen Sie inzwischen die Schaumgummiaufsätze. Sie müssen wirklich ganz trocken sein, sonst verläuft die Farbe im nächsten Arbeitsgang.*

4 *Mischen Sie die grüne Farbe wieder mit ⅓ Weiß. Mit der doppelten Rolle ziehen Sie in der Mitte und genau auf den Markierungen Doppellinien. Mischen Sie das Türkis ebenfalls mit ⅓ weißer Farbe und ziehen Sie zwischen den grünen Doppellinien jeweils eine hellblaue Linie. Diesmal benutzen Sie wieder die einfache, breitere Rolle. Beim Fixieren der Farben richten Sie sich genau nach den Herstellerangaben. Meist werden sie durch Bügeln von der Rückseite haltbar gemacht.*

Legen Sie zum Quilten die Schichten nach den Anleitungen auf Seite 104 zusammen. Steppen Sie, wie auf dem Bild zu sehen, an beiden Rändern der blauen Linien sowie jeweils im schmalen Streifen zwischen den grünen und gelben Doppellinien.
Der Maschinenfuß hilft Ihnen, den richtigen Abstand einzuhalten. Arbeiten Sie mit cremefarbener Nähseide. Zum Einfassen des Quilts gehen Sie nach den Angaben auf Seite 104/105 vor.

Sternenmuster

Patchwork ohne Nähte, gibt es das auch? – Dieser attraktive Wandbehang erhält durch Seidenmalerei ein patchworkartiges Aussehen.
Er ist 32 x 62 cm groß.

MATERIAL

80 cm Habutai-Seide, 112 cm breit, vorgewaschen und feucht gebügelt

40 cm dünne Wattierung

1 Spule Goldfaden

Seidenmalfarbe in Rosa, Blau, Türkis, Rostrot und hellem Graugrün

mittelbreiter Pinsel

Gutta (Konturenmittel) in Gold

fester Gardinenstoff für die Rückseite, 30 x 61 cm

1 Päckchen feine Goldperlen

goldene Quaste

2 Wassergläser

Kästchenpapier

feiner Bleistift

feine Stifte zum Feststecken der Seide

Fön

Küchenpapier

8 Schrauben

Feines Schmirgelpapier

Bohrer

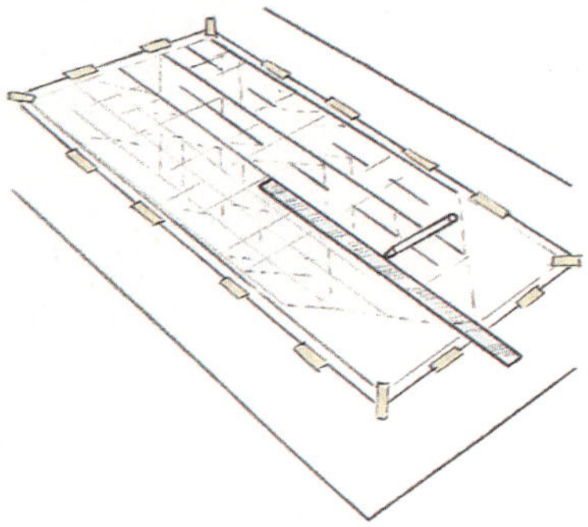

1 Übertragen Sie die Vorlage rechts auf 5-cm-Rasterpapier (siehe Seite 97). Schneiden oder reißen Sie die Seide in 2 je 40 x 70 cm große Stücke.

Kleben Sie die Schablone mit Kreppband auf eine weiße Unterlage (eventuell vorher weißes Papier über den Arbeitstisch breiten). Befestigen Sie darüber eine der Seidenbahnen, so daß das Muster in die Mitte kommt und genau am Fadenlauf orientiert ist. Die Seide muß stramm sitzen. Übertragen Sie die Linien der Unterlage mit Lineal und Bleistift auf den Stoff – zuerst die vertikalen, dann die horizontalen und schließlich die diagonalen. Wenn alle Linien gezogen sind, können Sie den Stoff aufspannen.

RAPPORT-VORLAGE FÜR DEN WANDBEHANG:

1 KÄSTCHEN = 4 CM

2 Befestigen Sie die Seide mit Spezialstiften an einem Rahmen (siehe Seite 107). Der Stoff muß sehr straff sitzen. Fahren Sie die vertikalen Linien – in der Mitte beginnend – mit Gutta nach. Rahmen nach der Hälfte drehen und die andere Seite arbeiten.
Die Gutta-Linien müssen alle in dieselbe Richtung laufen und gut trocknen, damit sie nicht verschmieren. Eventuell Fön benutzen. Die horizontalen Linien sind leichter zu ziehen, wenn Sie die Hand auf einer Holzleiste abstützen.

Wenn auch die horizontalen Linien gezogen sind, lassen Sie sie wieder trocknen, bevor Sie die diagonalen – wieder auf die Holzleiste gestützt – nachziehen. Halten Sie die fertige Arbeit gegen das Licht: Die Gutta-Linien müssen durchlaufen. Nach Bedarf nachbessern. Wo Unterbrechungen sind, läuft später die Farbe ins benachbarte Segment.

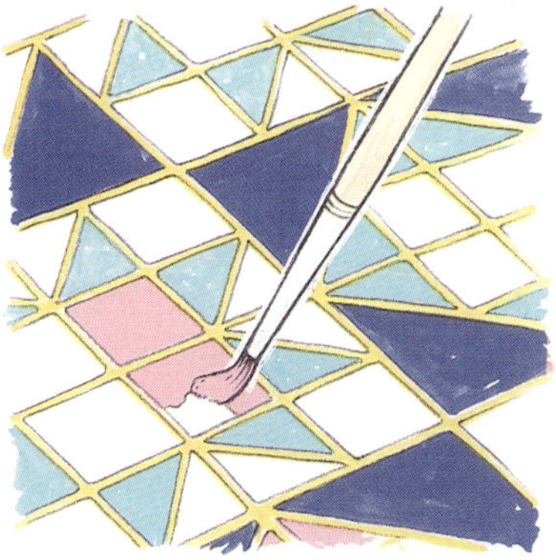

3 Wenn die Gutta-Linien getrocknet sind, tragen Sie nacheinander mit dem Pinsel die einzelnen Farben auf. Vor dem Benutzen gut durchschütteln und etwa 30 cm entfernt aufstellen, damit keine Farbspritzer auf den Stoff gelangen. Stellen Sie den Farbtopf auf etwas Küchenpapier und halten Sie dieses auch zum Abtropfen des Pinsels bereit. Waschen Sie den Pinsel zwischen den einzelnen Farben gut aus. Ihre Hände sollten immer sauber sein. Wenn alle Felder ausgefüllt sind, wird noch der Rand mit Türkis eingefärbt. Den Stoff gut trocknen lassen, bevor Sie ihn vom Rahmen nehmen. Fixieren Sie den Stoff nach Herstelleranweisung (z. B. durch Bügeln). Schlagen Sie den Saum nach hinten, so daß ein 6 mm breiter Rand bleibt.

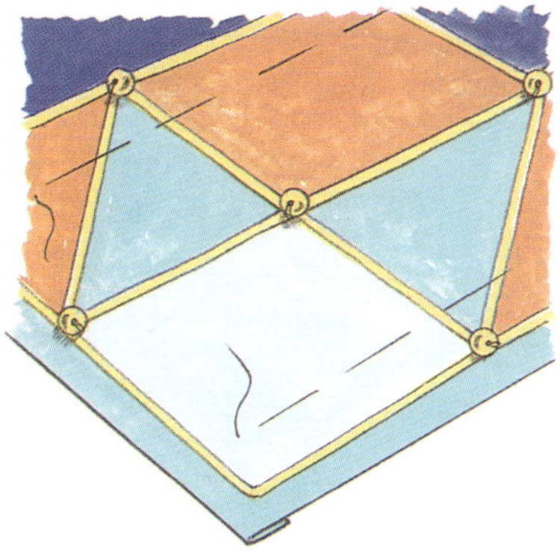

4 Schneiden Sie die Wattierung 6 mm breiter als das Muster zurecht und legen Sie den Seidenstoff auf. Stecken Sie die Kanten zu Säumen um. Heften Sie die Seide mit Seidengarn an die Wattierung. Nähen Sie mit doppelten Stichen je eine Goldperle auf die Kreuzungen der Gutta-Linien. Der Faden wird auf der Stoffrückseite von einer Perle zur nächsten geführt.

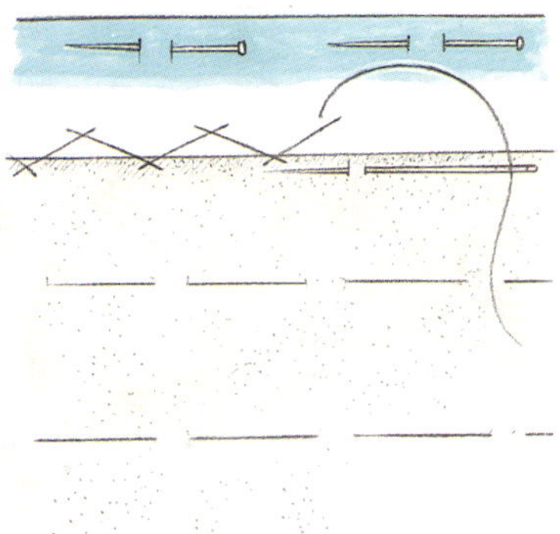

5 Falten Sie die Kanten des Seidenstoffs zu einem kleinen Saum nach hinten. Nähen Sie ihn mit Hexenstichen an (siehe Seite 98).

6 Schneiden Sie die Stoffplatte für den Rücken etwas kleiner als den Stoff zurecht. Schneiden Sie eine Verstärkung für die Oberkante, etwa 9 cm breit, falten Sie zu allen Seiten einen Saum um und nähen Sie ihn mit Ober- und Unterkante oben an den Rückenstoff. Stecken Sie den Rücken fest und nähen Sie ihn mit Saumstichen an. Danach die Goldquaste unten annähen.

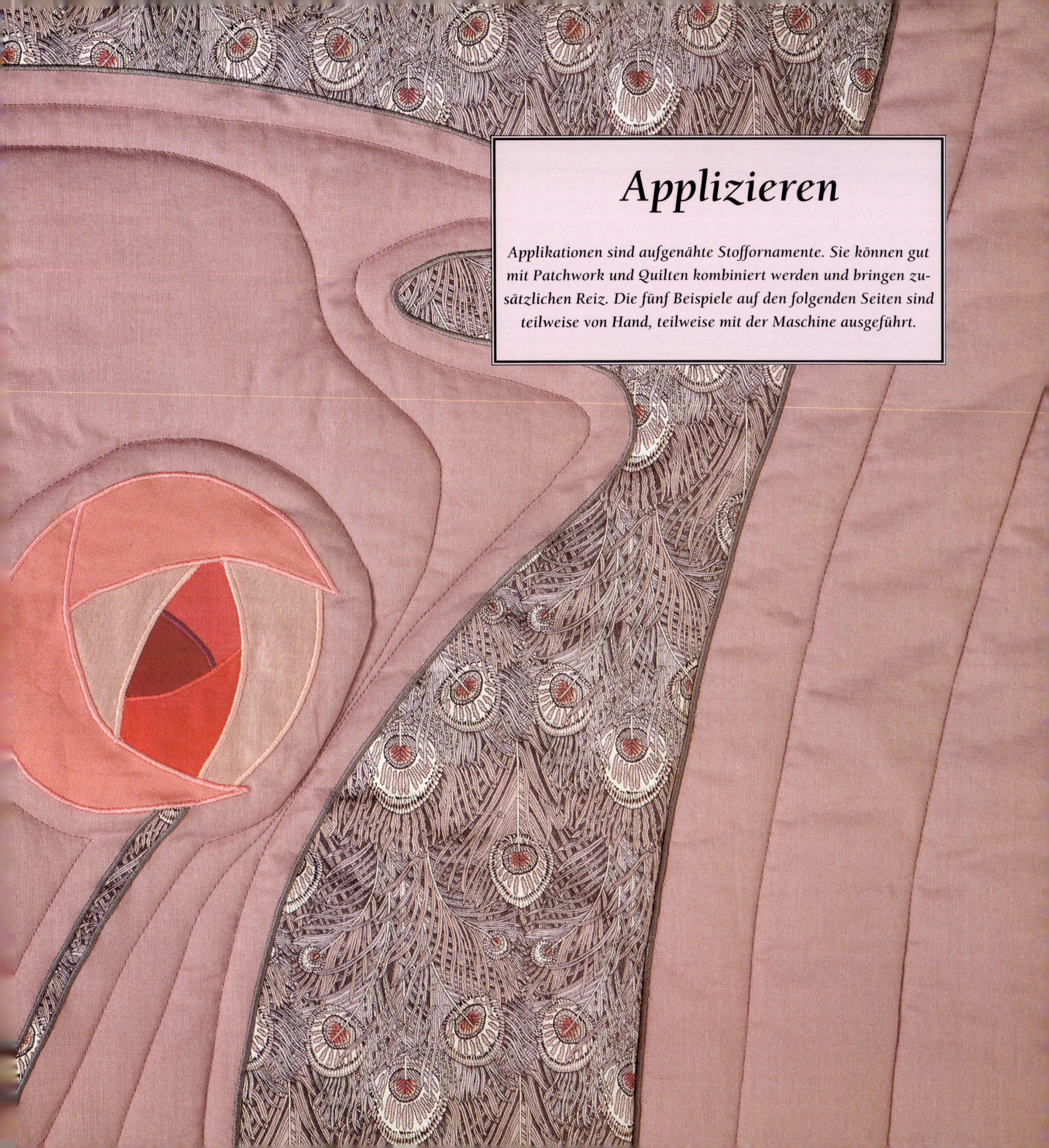

Applizieren

Applikationen sind aufgenähte Stoffornamente. Sie können gut mit Patchwork und Quilten kombiniert werden und bringen zusätzlichen Reiz. Die fünf Beispiele auf den folgenden Seiten sind teilweise von Hand, teilweise mit der Maschine ausgeführt.

Jugendstildecke

Der Pfauenstoff auf dieser Jugendstil-inspirierten Decke wurde schon 1887 entworfen. Die Blütenmuster sind von einem Bilderrahmen derselben Epoche entlehnt. Rosen und Rahmen werden vor dem Quilten gearbeitet. Die Konturen innerhalb und außerhalb des Rahmens sind mit der Maschine gesteppt. Die Kanten sind nochmals mit dem Pfauenstoff gesäumt. Die fertige Decke ist 152 x 225 cm groß.

MATERIAL

- 2 m gemusterter Bamwollstoff in Lilatönen, 90 cm breit
- 5 m rosa Baumwollstoff, 114 cm breit
- 5 Baumwollstoff-Quadrate mit 30 cm Seitenlänge in den Farben Dunkelrosa (2x), Mittelrosa, Hellrosa und Weinrot
- 2,4 m Baumwollstoff für die Rückseite, 152 cm breit
- 152 x 243 cm Wattierung
- Haftvlies
- 3 Rollen graues Baumwollnähgarn
- 1 Rolle rosa Baumwollnähgarn
- 4 Rollen Nähgarn passend zu den Stoffen für die Blüten
- Nähmaschinenfuß zum Sticken
- 2 Schablonierfolien mit je 30 cm Seitenlänge
- wasserfester Stift
- doppelseitiges Klebeband
- Schnittmusterpapier mit 5-cm-Raster

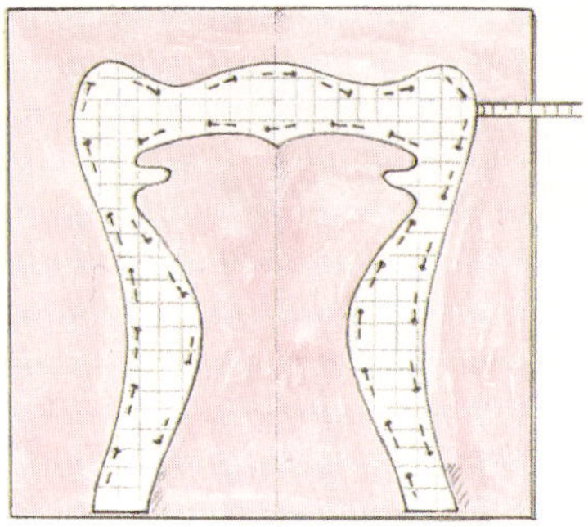

1 Vergrößern Sie die Vorlage von Seite 55 auf die Maße 89 x 193 cm – entweder durch Fotokopieren oder mit Schnittmusterpapier (Methode siehe Seite 97). Schneiden Sie den „Rahmen" entlang der inneren und äußeren Linien nach. Übertragen Sie die Mittelblüte und eine kleinere Blüte mit dem wasserfesten Stift auf die Folie. Numerieren Sie jedes Blütenblatt.

Falten Sie den Hintergrundstoff der Länge und Breite nach einmal zusammen und bügeln Sie die Hilfslinien ein. Falten Sie den Stoff – mit der Oberseite nach innen – zur Hälfte. Schablone für den Rahmen auflegen, so daß die Mittellinien von Stoff und Papier aufeinanderliegen. Feststecken. Ziehen Sie mit feinem Bleistift die Linien des Rahmens auf dem Stoff nach. Schablone wieder abnehmen und das Ganze auf der anderen Stoffhälfte wiederholen, so daß die Rahmenhälften genau aneinanderstoßen. Die auf Schnittmusterpapier oder durch Fotokopieren vergrößerten drei kleineren Blumen legen Sie wie in der Vorlage auf den Stoff. Feststecken und die Stiellinien auf die Stoffrückseite übertragen (Stoff vor ein Fenster kleben und Lage der Teile mit Stecknadeln markieren). Stecken Sie auch die Blumen-Schablonen mit Nadeln fest (oder mit dem Klebeband – sie sollten dann aber höchstens ein paar Minuten auf dem Stoff bleiben). Arrangieren Sie nun die große Blüte in der Mitte auf dieselbe Art.

2 Bügeln Sie sehr feines Haftvlies von der Rückseite auf den gemusterten Baumwollstoff. Mehr drücken als bügeln. Arbeiten Sie mit einem warmen Bügeleisen ohne Dampf. Wenn das Stück hält, drehen Sie den Stoff um und bügeln auch die Vorderseite – diesmal mit einem Dampfbügeleisen. Legen Sie den gemusterten Stoff mit der Oberseite nach unten auf einen Tisch. Darüber kommt der rosa Hintergrundstoff mit dem aufgezeichneten Muster nach oben.

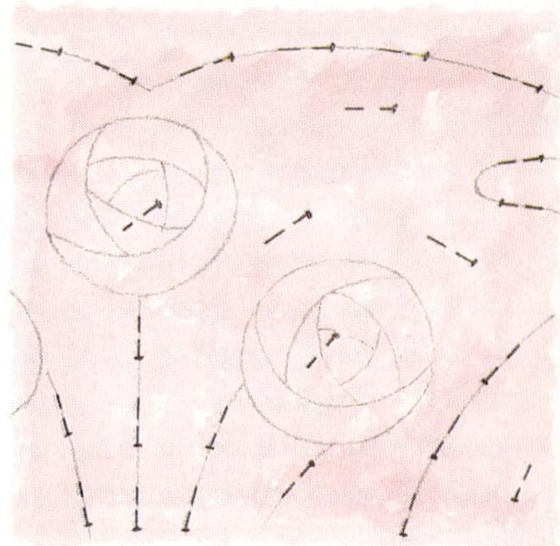

3 Stecken Sie beide Stoffe entlang der Bleistiftlinien aufeinander. Verwenden Sie viele Nadeln, damit die Lagen während des Nähens nicht verrutschen, und einen Stickfuß zum Nähen. Nehmen Sie auch einen zum Stoff passenden Unterfaden. Mit einem sehr feinen kurzen geraden oder Zickzack-Stich nähen Sie die Linien für den Rahmen nach. Anschließend nähen Sie die Linien für die Blumenstiele. Orientieren Sie sich am Nähmaschinenfuß, um gleichmäßig breite Streifen zu erzielen.

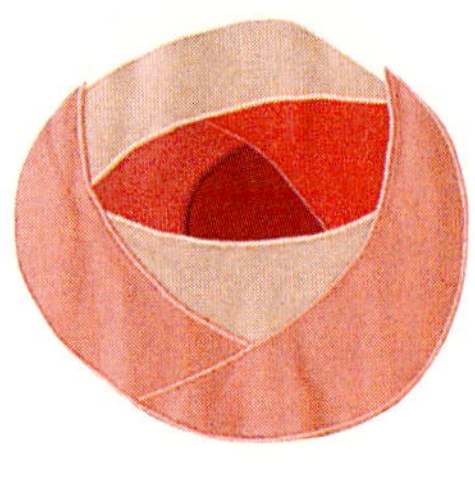

Jugendstildecke

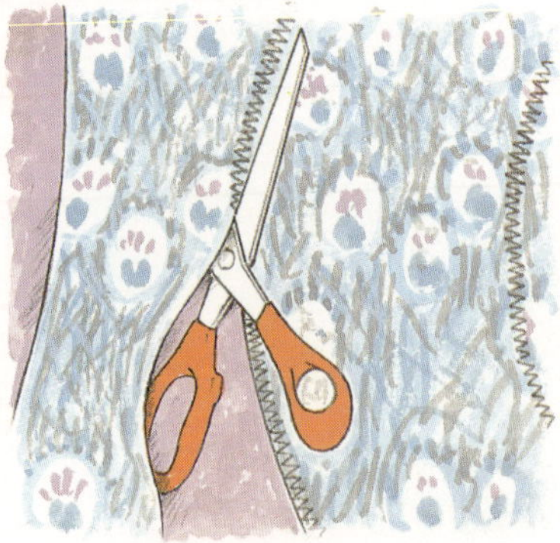

4 Drehen Sie den Stoff um. Schneiden Sie so nah an den Nähten wie möglich den restlichen Stoff weg. Die Schere wird schräg gehalten. Fassen Sie beim Schneiden zwischen beide Stofflagen, damit nicht versehentlich der Unterstoff mit eingeschnitten wird. Zuerst wird der Rahmen auf diese Art bearbeitet, dann die Stiele. Es macht nichts, wenn der Faden an einzelnen Stellen durchgeschnitten wird, da Sie die gesamte Naht später noch mit Zierstichen bedecken.

5 Die Blütenblätter werden ebenfalls erst nach dem Aufnähen exakt zugeschnitten.

Aus dem dunkelrosa Stoff schneiden Sie ein Stück, das etwas größer als Schablone 1 ist, und stecken es auf der Vorderseite des rosa Hintergrundstoffes fest. Stecken Sie dieses Teil für alle 4 Blüten.

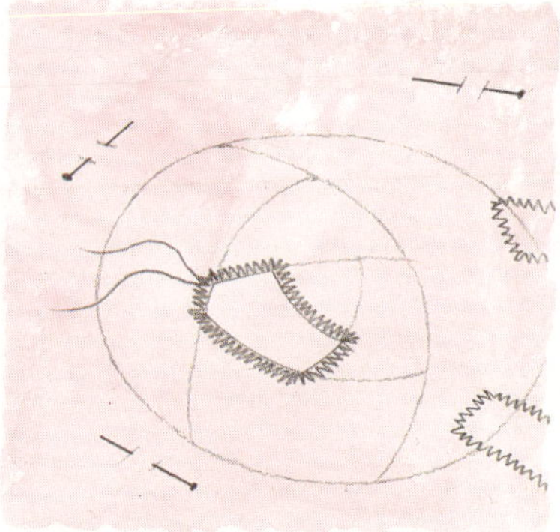

6 Nähen Sie von der Rückseite her mit feinem Zickzackstich die entsprechende Linie nach. Ziehen Sie dafür zunächst den Unterfaden hoch und halten Sie die Fadenenden fest. So entstehen auf der Vorderseite keine Knoten. Die Zickzacknaht liegt genau außerhalb der Bleistiftlinie. Drehen Sie den Stoff wieder auf die Vorderseite und schneiden Sie die überhängenden Stoffränder weg.

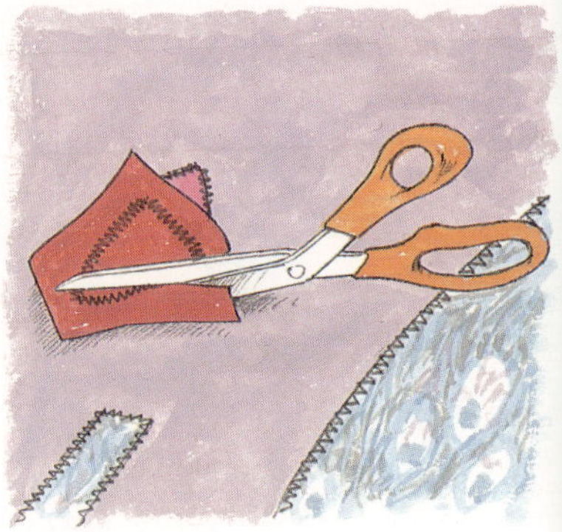

7 Legen Sie jetzt Stücke des zweiten dunkelroten Stoffes (Schablone 2) auf. Im Prinzip werden sie von der Rückseite wie beim ersten Mal angenäht. Allerdings liegt jetzt die Zickzacklinie genau auf der Naht von vorher.

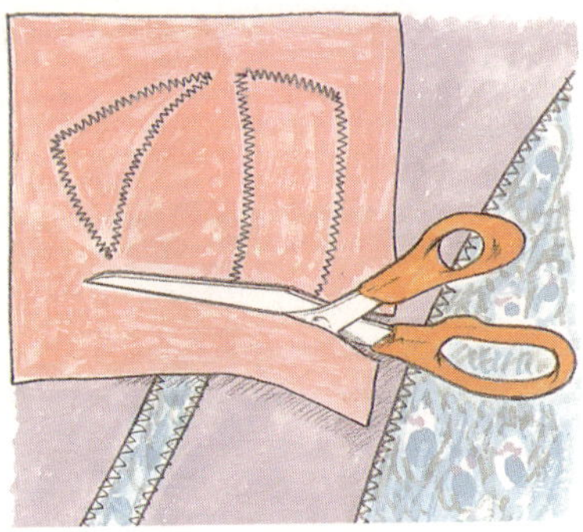

8 Arbeiten Sie auf dieselbe Weise alle Blütenblätter in den verschiedenen Farben nach. Nach dem Nähen wird immer der überschüssige Stoffrand abgeschnitten. Wenn Sie 2 Segmente derselben Farbe an einer Blüte brauchen, wählen Sie das Stoffstück groß genug für beide. Nähen Sie dann beide Segmente hintereinander. Bügeln Sie die Blüten.

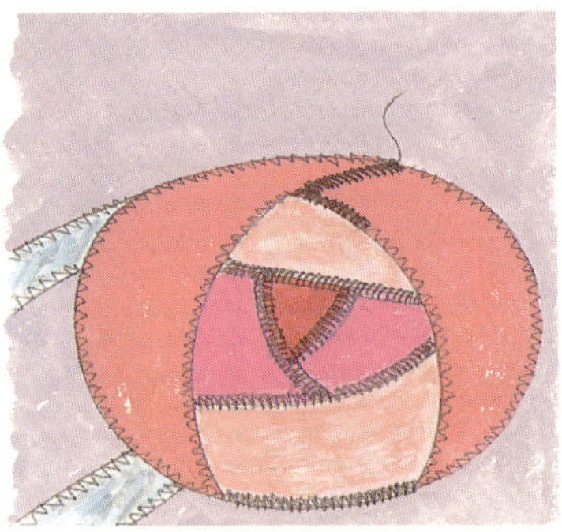

9 Verwenden Sie für die Ziernaht für Ober- und Unterfaden das gleiche Nähgarn. Je nach Nähmaschinenfabrikat müssen Sie für enge Zierstiche die obere oder untere Fadenspannung leicht verändern. Der Unterfaden läuft etwas strammer als der obere, damit die Stiche oben locker und gleichmäßig werden.

Damit sich dünne Stoffe beim Nähen nicht verziehen, legen Sie am besten dünnes Schreibmaschinenpapier oder ein Spezialpapier unter. Es wird nach dem Nähen weggerissen.

Stellen Sie die Nähmaschine auf Knopflochstich oder sehr engen Zickzackstich ein. Beginnen Sie mit passendem dunkelrosa Nähgarn beim mittleren Segment; umnähen Sie die Umrisse. Beim Weiterarbeiten tauschen Sie das Nähgarn auf der oberen Spule immer wieder aus, so daß es stets zum gerade genähten Stoffstück paßt. Folgen Sie beim Nähen dem Schema auf der Zeichnung gegenüber. Umnähen Sie die Blütenblätter 6 und 7. Beginnen Sie mit der neuen Naht immer über dem Ende der vorherigen. Meliertes Nähgarn können Sie für die gesamte Blüte verwenden.

Wenn der Stoff beim Nähen hängenbleibt, schieben Sie ein Stück Papier zwischen Fuß und Stoff, um ihn wieder zu lösen.

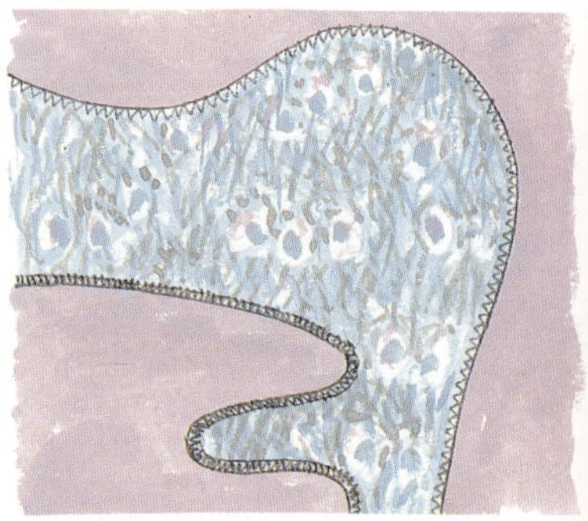

10 Umrunden Sie nun auch den Rahmen aus dem Pfauenstoff mit einer grauen Ziernaht. Die Außenseite wird mit der Wattierung zusammengenäht. Bügeln Sie das Ganze von der Rückseite.

Schneiden Sie 2 lange Streifen mit 23 cm Breite aus dem restlichen rosa Grundstoff zurecht. Stecken und nähen Sie sie – mit den Oberseiten aufeinander – an beide Seiten des applizierten Teils. Bügeln.

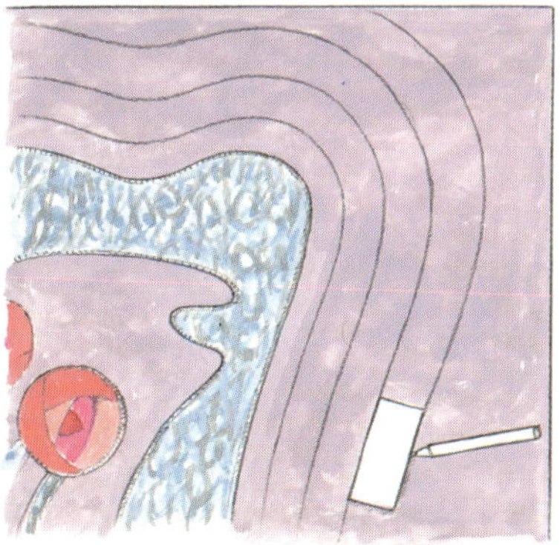

11 *Bringen Sie Markierungen für die Stepplinien an, indem Sie mit einem Stück Karton in mehreren Runden um den Pfauenstoff-Rahmen fahren. Verwenden Sie Schneiderkreide. Die Linien liegen 4, 6, 7, 8, 9, 10 und 12 cm auseinander. Wenn Sie einen speziellen Steppfuß mit Abstandshalter besitzen, brauchen Sie die Linien nicht vorher extra zu markieren. Übertragen Sie auch die inneren Stepplinien auf den Stoff.*

Legen Sie Rückenstoff, Wattierung und Vorderstoff des Quilts aufeinander und stecken Sie die Lagen entlang der Steppmarkierungen zusammen. Nähen Sie zuerst die Stepplinien außerhalb des Rahmens nach. Nähen Sie den Rahmen mit einer einfachen Naht und anschließend die Stepplinien im Inneren des Rahmens – bei den engen Kurven nur wenige Stiche auf einmal. Beim Wenden an den Ecken bleibt die Nadel im Stoff stecken. Zum Schluß wird die Außenlinie des Rahmens mit einer Ziernaht nachgenäht. Messen Sie den Quilt ab und schneiden Sie die Kanten gerade (siehe Seite 102).

Die Einfassung kann aus den Resten des Pfauenstoffes geschnitten werden. Reißen Sie das Vlies ab und schneiden Sie 2,5 cm breite Streifen. Verbinden Sie die Streifen so, daß das Muster immer in dieselbe Richtung läuft. Nähen Sie die Streifen an den Quilt, schlagen Sie Säume nach hinten um (siehe Seite 105). Die Einfassung ist etwa 1,5 cm breit.

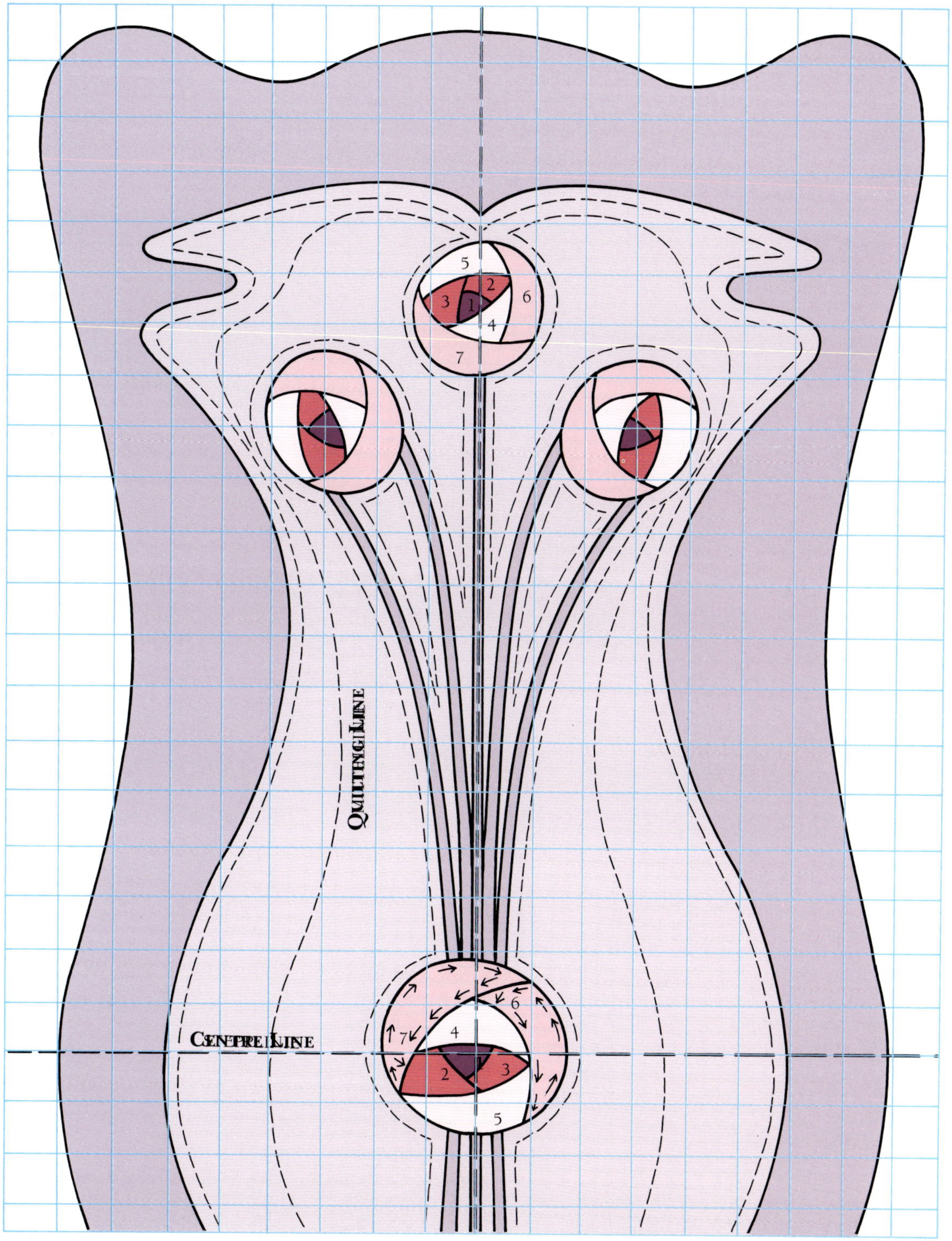

Rosige Zeiten

Sehr einfach lassen sich Blumenmuster verwirklichen. Die Blüten für diesen Quilt sind aus dünnem Möbelstoff ausgeschnitten. Sie haben die Wahl zwischen verschiedensten Motiven und können diese immer wieder anders anordnen. Das hier gezeigte Dessin verziert ein sommerliches Babydeckchen. Es müssen nicht unbedingt Rosen sein – auch andere Blüten wirken sehr attraktiv. Der fertige Quilt ist 81 x 108 cm groß.

MATERIAL

80 cm Baumwollstoff für den Hintergrund, 114 cm breit

90 cm Baumwollstoff für den Rücken, 114 cm breit

25 cm roter Baumwollstoff, 114 cm breit

25 cm grüner Baumwollstoff, 114 cm breit

1 Rolle meliertes Nähgarn, passend zu den Blumen

1 Rolle farbneutrales Nähgarn für den Hintergrund

Reste von leichtem Möbelstoff mit Blumenmuster, ausreichend für etwa 28 mittelgroße Blüten, einige Blätter und Knospen sowie 4 große Blüten für die Ecken

1 m Haftvlies

dünnes Schreibmaschinenpapier

1 Fixieren Sie mit Hilfe eines Dampfbügeleisens das Haftvlies nach Herstellerangaben auf den Rückseiten der gewählten Blumen. Bereiten Sie ruhig ein paar mehr vor als Sie brauchen, um eine gute Auswahl zu haben.

Aus dem Grundstoff schneiden Sie ein Quadrat mit 47,5 cm Seitenlänge, 2 Seitenstreifen mit 14 x 104,5 cm Größe und 2 Streifen für oben

und unten mit 27 x 53,5 cm Größe. Aus dem roten und grünen Stoff schneiden Sie je 4 Streifen mit 3 cm Seitenlänge zurecht. Dazu kommen je 5 rote und grüne Streifen mit 4 cm Breite. Sie sind für die Einfassung gedacht.

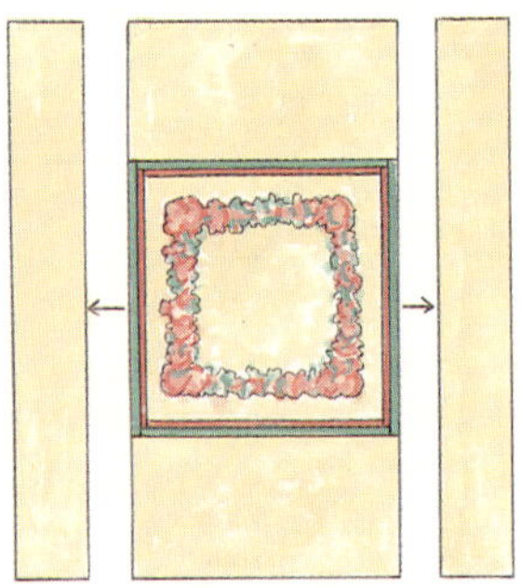

4 Messen und schneiden Sie aus den 3 cm breiten roten Streifen 2 Stücke für den oberen und unteren Rand. Nähen Sie sie um das Stoffquadrat. Nach jedem Schritt bügeln. Schneiden Sie 2 weitere Streifen für die Seiten, die Sie in derselben Weise befestigen. Ebenso verfahren Sie mit den grünen Streifen. Danach werden die restlichen Stücke des Grundstoffs an allen 4 Seiten wie auf der Zeichnung oben angenäht. Messen Sie bereits die roten und grünen Stoffstreifen für die Einfassung genau aus.

2 Schneiden Sie die Blumen sorgfältig aus. Ziehen Sie das Papier vom Vlies ab. Falten Sie den Grundstoff diagonal. Die Falten dienen als Orientierung.
Arrangieren Sie die Blumen in einer rechteckigen Bordüre auf dem Stoff, etwa 4 cm vom Rand entfernt. Wenn Ihnen die Anordnung gefällt, bügeln Sie die Blüten auf.

5 Bügeln Sie die 4 großen Blüten außerhalb des Rahmens auf die Ecken. Umnähen Sie auch diese mit einem Zierstich. Lose Fadenenden werden auf die Rückseite gezogen. Gut bügeln.

3 Nähen Sie die Blütenränder mit einem Spezialfuß in dichten Plattstichen (oder Knopflochstichen) nach. Verwenden Sie einen neutralen Unterfaden. Stellen Sie je nach Maschinenfabrikat die untere Fadenspannung etwas fester, damit die Ziernaht oben schön locker aufliegt. Probieren Sie die Technik möglichst erst auf einem Stoffrest aus. Legen Sie beim Arbeiten dünnes Papier unter den Stoff, damit er besser gleitet. Es wird zum Schluß einfach abgerissen. Befestigen Sie zuerst die kleinen Teile, zum Schluß die großen. Die Nähte der letzten Blüten werden mit dem melierten Garn ausgeführt und überdecken die Anfänge und Enden der vorherigen Nähte. Bügeln Sie den Stoff von der Rückseite. Das fertige Stück wird auf exakt 47,5 cm Seitenlänge zurechtgeschnitten.

6 Markieren Sie auf einem Bogen Papier freihändig eine schwungvolle Stepplinie für den äußeren Rahmen des Quilts. Verdoppeln Sie die Linie in 3 cm Abstand und schneiden Sie die dadurch entstehende Papierschlange aus. Am Stoff feststecken und mit einem feinen Bleistift oder Seifenspan umfahren. An allen Seiten wiederholen.

Legen Sie Vorderstoff, Wattierung und Rückenstoff nach der Anleitung auf Seite 104/105 zusammen und stecken Sie sie fest. Steppen Sie zuerst das Mittelmotiv, dann die innere und äußere Linie des Rosenmusters. Dabei die Fadenfarbe immer passend zum Untergrund wechseln. Steppen Sie nun auch die geschwungenen Linien sowie die Linien zwischen und neben dem rot-grünen Rahmen.

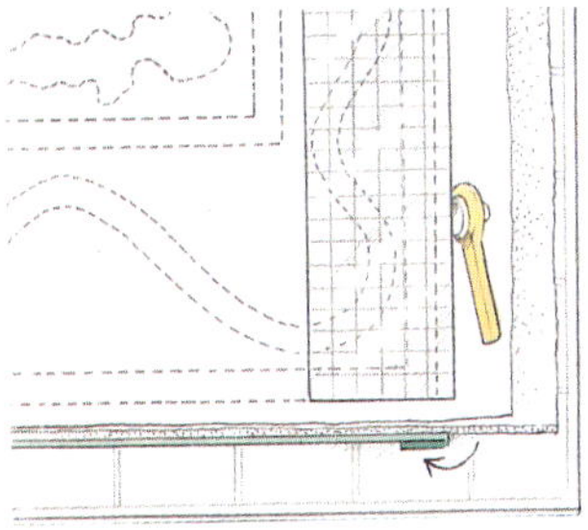

7 Zum exakten Abschneiden der Kanten legen Sie den Quilt mit der Oberseite nach unten auf eine Schneidematte und kürzen das Vlies nach Bedarf. Nähen Sie den roten und grünen Rand in gewohnter Weise an und versäubern Sie ihn auf der Rückseite (siehe Seite 104/105).

Am Meeresstrand

Der fröhlich bunte Wandbehang aus Filz erinnert an schöne Sommertage. Die einfachen Muster sind schnell aufgenäht, der Filz franst dabei nicht aus und ist insgesamt leicht zu verarbeiten. Besonders Kinder haben ihre Freude an dem hübschen Bild. Für die Hand- und Fußmuster haben die Kinder ihre Hände und Fußflächen auf ein Stück Papier gehalten und umzeichnet. Die sonstigen Schablonen sind seitenverkehrt wiedergegeben, damit sie nach dem Übertragen auf Haftvlies und Umdrehen von der richtigen Seite erscheinen. Das fertige Bild ist 64 x 94 cm groß.

MATERIAL

Bastelfilz in Blau und Grün (je 2 x), Orange, Rosa, Pink, Fleischfarben und Weiß (je 1 x)

je 25 cm Filz in Türkis und Lavendel

60 cm knallgelber Filz

25 cm hellgelber Filz

90 cm roter Filz für die Rückseite, 183 cm breit

feines Nähgarn, passend zum Filz

50 cm Haftvlies (Vliesofix)

selbsthaftende Vlieseline, 5 x 94 cm

Schnittmusterpapier mit 5-cm-Raster

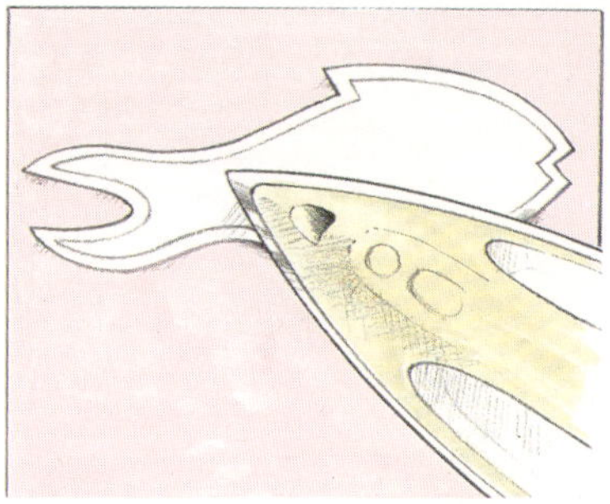

1 Fertigen Sie nach den unten angegebenen Maßen, die schon eine Saumzugabe von knapp 8 mm enthalten, die Kästchen für den Hintergrund aus Filz. Nähen Sie den Horizont auf das Kästchen für das Boot. Vergrößern Sie die Schablonen von Seite 60-61 nach der Anleitung von Seite 97. Übertragen Sie sie auf die glatte Seite des Vliesofix. Schneiden Sie sie etwas außerhalb der Umrißlinie aus. Bügeln Sie die Stücke auf die entsprechenden Filzplatten auf. Nach dem Abkühlen die Motive an der Bleistiftlinie ausschneiden, das Papier von der Rückseite ziehen und auf die Hintergrundkästchen bügeln.

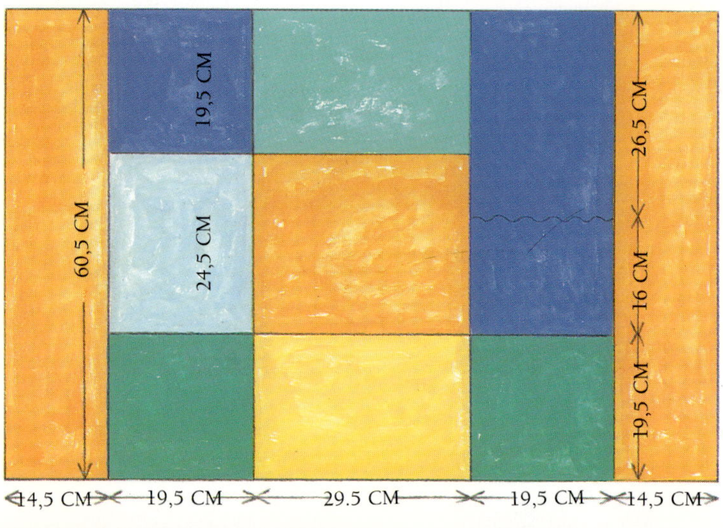

Nähen Sie die Motive mit normalen Stichen zusätzlich fest. Gleichfarbiges oder kontrastierendes Nähgarn verwenden. Die Details werden aufgesteppt, wenn die Rückenplatte befestigt ist. Wenn alle Motive fertig sind, nähen Sie die Filzkästchen in der gezeigten Anordnung zusammen. Jeweils knapp 8 mm Saum einschlagen. Die Säume offen bügeln. Die Rechtecke erst zu Streifen und schließlich zum gesamten Mosaik zusammenfassen. Als letztes kommen die Streifen mit den Händen und Füßen. Bügeln und auf 59,5 x 91,5 cm trimmen.

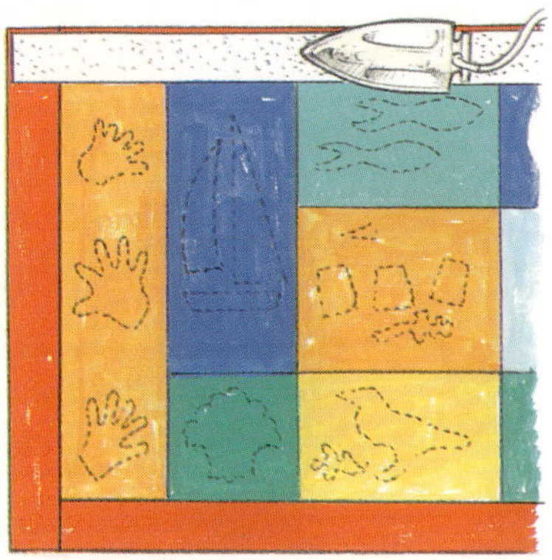

2 Schneiden Sie 2 rote Filzstreifen mit 6 x 91,5 cm und 2 mit 6 x 69,5 cm zurecht. Nähen Sie die längeren Streifen oben und unten am Bild fest, die kürzeren an den Seiten. Bügeln und den Filz für die Rückseite zurechtschneiden. Selbsthaftende Vlieseline 5 x 97,5 cm groß zuschneiden und mit dem Dampfbügeleisen am oberen Rand kurz unter der Kante aufbügeln. Sie hält das Bild beim Aufhängen gerade.

3 *Durchzug – für die Leiste zum Aufhängen – mit 10 cm Breite zurechtschneiden, an einer Längs- und beiden Schmalseiten einen engen Saum umschlagen und bügeln.*
Der Durchzug wird 5,5 cm unterhalb der Oberkante – Stoffvorderseiten aneinander – an die Filzplatte für die Rückseite genäht.

4 *Stecken Sie Rücken und Vorderstoff mit Nadeln zusammen. Der Durchzug muß oben liegen. Verknoten Sie die Verbindungen zwischen den vorderen Filzrechtecken mit dem Rücken (siehe Seite 107). Markieren Sie mit einem Seifenspan die Details auf Muschel, Eis, Hintergrund etc. Steppen Sie die einzelnen Vierecke und die Außenkante mit einfachen Stichen, wie auf Seite 98 gezeigt. Nähen Sie kleine Filzplättchen als Wasserblasen und Krebsaugen auf.*
Schlagen Sie den Durchzug jetzt nach oben und nähen Sie die Oberkante auf die Oberkante des Rückenstoffes.

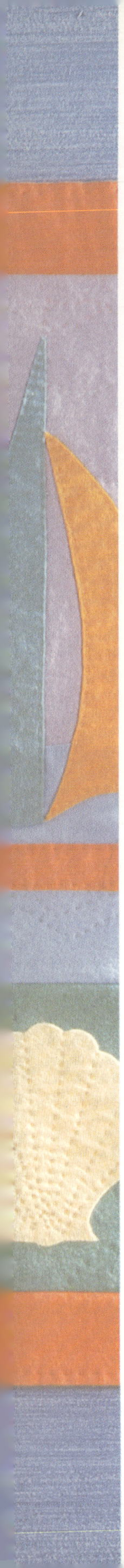

Am Meeresstrand

RAPPORT-VORLAGE FÜR DAS STRAND-MUSTER:

1 KÄSTCHEN = 5 CM

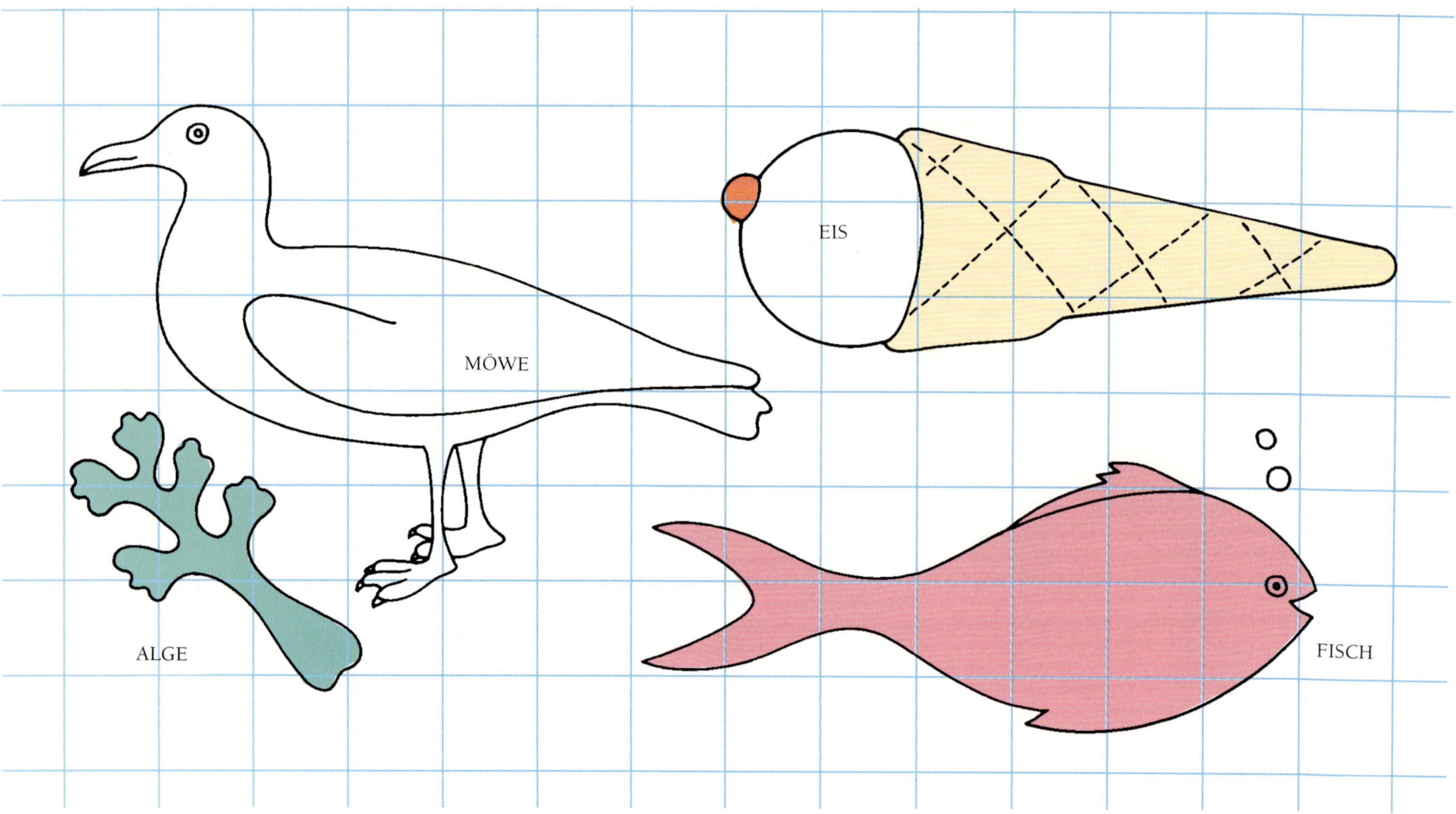

SANDBURG
HAND
KRABBE
FUSS
MUSCHEL
SEGELBOOT

Klassisches Knotenmuster

Seiden- und Webborden lassen sich hervorragend in Quilts einarbeiten, wie Sie an dieser eleganten Bettdecke sehen. Die Arbeit verlangt schon einige Erfahrung. Das Mittelteil alleine für eine kleinere Decke können aber auch ungeübte Quilter ausführen. Probieren Sie die Konstruktion der diagonal gelegten Ecken zunächst an einem Reststück aus. Der Quilt wird abschnittsweise gefertigt, damit das Hantieren nicht zu kompliziert wird: zunächst die Mittelpartie, dann die Seiten und Borden. Das fertige Stück mißt 204 cm im Quadrat.

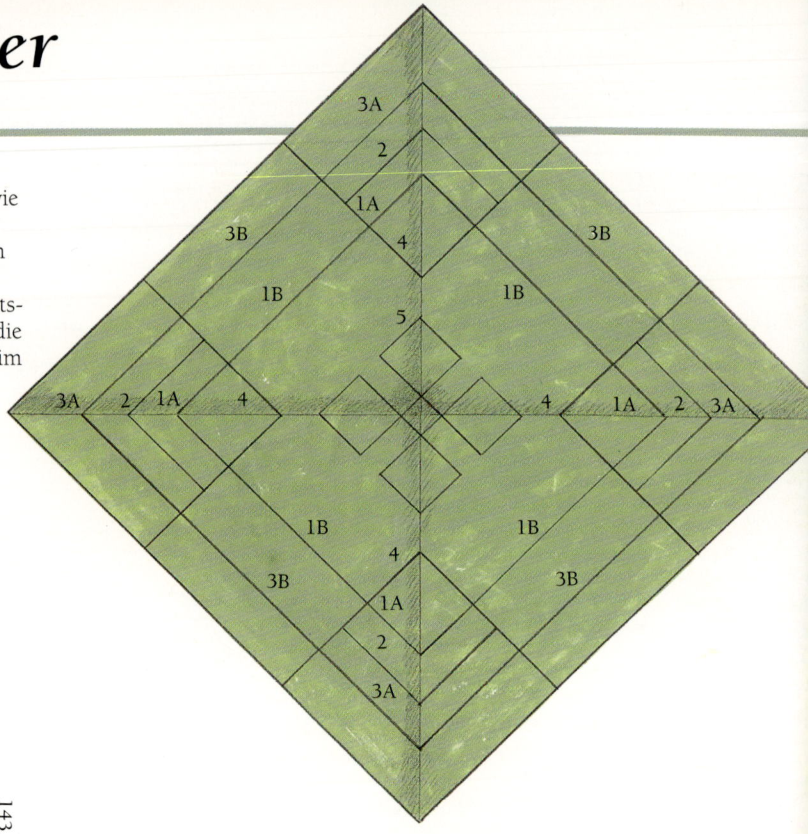

MATERIAL

4,8 m grüner Baumwollstoff, 114 cm breit

4,8 m Baumwollstoff für die Rückseite, 114 cm breit

quadratische Wattierung mit 214 cm Seitenlänge

18 m rosa Jacquardborde, 4 cm breit

7 m rosa Jacquardborde, 12 mm breit

8 m gelbe Seidenborde, 2 cm breit

feines Steppgarn für die Nähmaschine in Rosa und Gelb zum Aufnähen der Borden

2 Rollen graues Baumwollnähgarn zum Nähen und Steppen

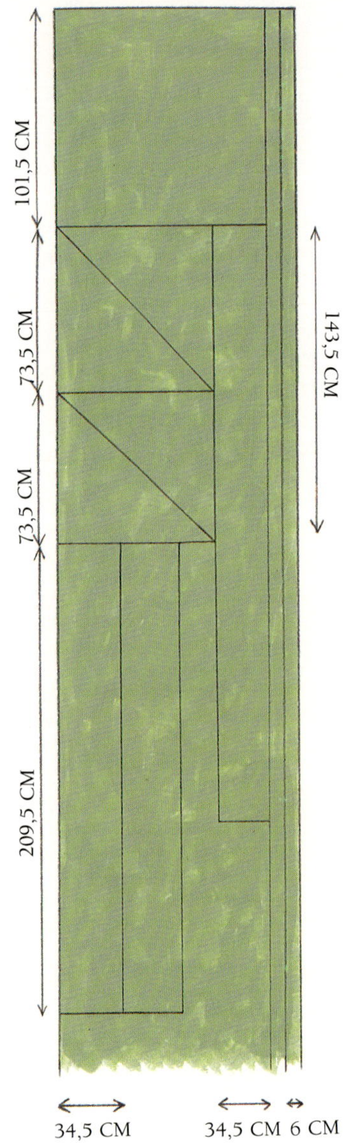

1 *Schneiden Sie nach der Vorlage rechts den grünen Stoff und den Stoff für die Rückseite in folgende Teile: Quadrat mit 101,5 cm Seitenlänge für die Mitte; 2 Quadrate mit 73,5 cm Seitenlänge, nochmals diagonal in 4 Dreiecke unterteilt; 2 Seitenstücke mit 34,5 x 142,5 cm; 2 Seitenstücke mit 34,5 x 209,5 cm; Stoffstreifen zum Einsäumen mit 4 cm Breite.*

2 *Pressen Sie 2 diagonale Faltlinien in das große Stoffquadrat. Messen Sie die Diagonalen von den Ecken aus 18 cm und 37 cm nach innen. Punkte mit einem Seifenspan markieren. Verbinden Sie die Punkte zu 2 Quadraten. Messen Sie nun 28 cm nach innen und markieren Sie in jeder Ecke mit Hilfe eines Winkels ein kleineres Quadrat.*
Deuten Sie schließlich das Mittelmotiv an: es hat 24 cm Seitenlänge, die 4 Kästchen sind je 10 cm lang.

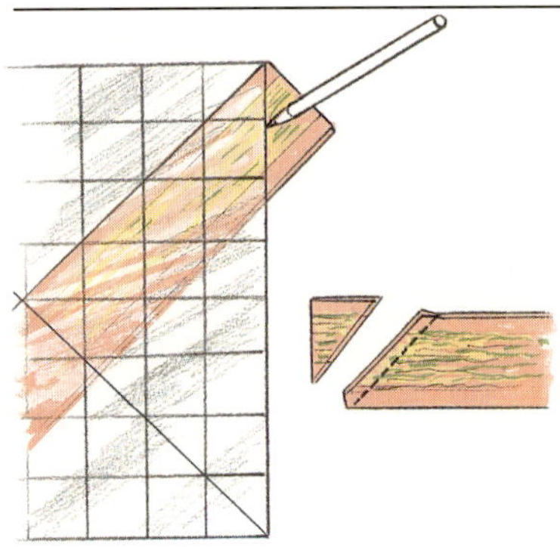

3 *Schneiden Sie aus dem breiten Jacquardband je 4 Streifen in folgenden Längen: 34 cm, 68 cm, 144 cm und 185 cm.*
Vom schmalen Jacquardband benötigen Sie Längen von 16 cm, 25 cm, 33 cm und 100 cm. Das gelbe Seidenband wird in 33 cm, 42 cm, 48 cm und 60cm lange Abschnitte unterteilt, das rosa Seidenband in 4 je 46 cm lange Stücke.

Fassen Sie jeweils Bänder in derselben Länge mit einem Stück Papier zusammen, auf das Sie die Länge notieren.
Die Ecken werden diagonal nach der Methode von Seite 100 zusammengenäht. Falten Sie die Bänder mit den rechten Seiten aufeinander, markieren Sie mit dem Winkel oder Rasterfolie die diagonalen Kanten (weiße Schneiderkreide verwenden). Nähen, öffnen und bügeln Sie die Säume wie links gezeigt. Das Bügeleisen darf nicht zu heiß sein.

Klassisches Knotenmuster

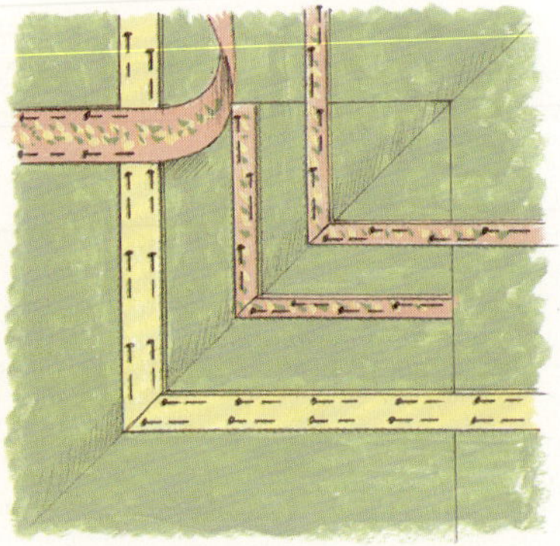

4 Legen Sie die Borden innen an die Markierungen – und zwar in der unten angegebenen Reihenfolge. Jede Borde feststecken und nahe an den Kanten annähen. Die Anfänge und Enden liegen jeweils unter den nächstfolgenden Reihen. Nähen Sie die Borden an beiden Seiten fest (Naht läuft immer in dieselbe Richtung). Reihenfolge: schmale rosa Jacquardborde mit 16 cm und 33 cm Länge auf die Umrisse des großen inneren Quadrats (1A und 1B); die 25 cm langen Stücke auf die rechten Winkel (2); 33 cm und 42 cm lange gelbe Seidenborde auf das große Außenquadrat (3A bzw. 3B); breite 68 cm langes Jacquardborde auf die äußeren Winkel (4).

5 Das 46 cm lange rosa Seidenband kommt als verschlungenes Muster außen um die 4 kleinen Mittelquadrate (5). Die erste Ecke (innerer Knick) liegt 14 cm, die zweite 5,5 cm vom Anfang. Hinter der dritten Ecke sollten noch 7 cm Band stehenbleiben. Die Bänder sind so miteinander verschlungen, daß die Anfangs- und Endstellen immer abgedeckt sind.

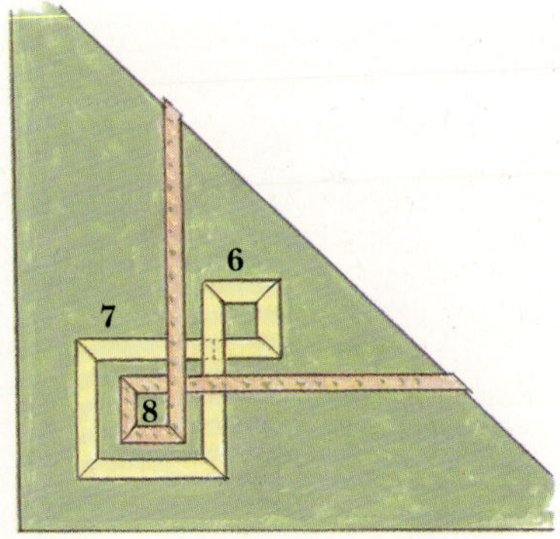

6 Falten Sie die grünen Stoffdreiecke diagonal zur Hälfte, um eine Orientierungslinie zu haben. Wie in Schritt 2 rechnen Sie zunächst die Säume von knapp 8 mm an den Seiten ab. Für das große gelbe Viereck (7) messen Sie 9 cm an der diagonalen Hilfslinie nach unten und markieren auf der diagonalen Falte mit einem Seifenspan ein Viereck mit 17 cm Kantenlänge. Messen Sie auf dieselbe Art 30 cm herunter. An diesem Punkt setzen Sie ein zweites kleineres Quadrat mit 10 cm Seitenlänge an, das das erste berührt. Die Enden des gelben Bandes werden von der schmalen rosa Borde überdeckt. Setzen Sie ein drittes Quadrat mit 8 cm Seitenlänge auf der Diagonale an, indem Sie von der Ecke aus 15 cm heruntermessen. Die Verlängerungen führen bis zu den Enden des Dreiecks.

Legen Sie die 48 cm und 60 cm breiten gelben Seidenbänder zur Hälfte und nähen Sie die Ecken diagonal ein. Setzen Sie je 2 weitere Knickstellen an: auf den kürzeren Bändern (6) in 10 cm Entfernung von der ersten, auf den längeren Bändern (7) in 17 cm Abstand. Nähen Sie die Bänder 6 und 7 an den Innenkanten fest. Falten Sie auch das 110 cm lange schmale rosa Jacquardband in der Mitte zu einem Knick. Zwei weitere Knickstellen folgen in 8 cm Abstand. Dieses Band sollte die Enden der gelben Borde abdecken und rechtwinklig auslaufen.

7 Nähen Sie die Stoffdreiecke an die Mittelplatte an, so daß sich ein größeres Stoffquadrat mit 143,5 cm Seitenlänge ergibt. Bügeln Sie den Stoff von der Rückseite.

Nähen Sie für den Rücken die restlichen 4 Dreiecke an die zweite Mittelplatte. Wieder bügeln. Kleben Sie dieses Stoffteil nun mit der Oberseite nach unten stramm auf einen Arbeitstisch (Kreppband). Legen Sie zunächst Füllung und dann Stoffoberseite genau auf. Die Ränder werden erst später angefügt. Heften Sie die Säume der verschiedenen Stoffstücke aneinander. Stecken Sie den Stoff mit vielen Nadeln aufeinander (siehe Seite 105).

Steppen Sie die Borden an beiden Seiten an. Halten Sie etwas Abstand vom Bordenrand. Beim Wenden an den Ecken bleibt die Nadel im Stoff (Nähanleitung siehe Seite 107). Wenn alle Linien gesteppt sind, überprüfen Sie die Ecken: sie müssen exakt rechtwinklig sein. Legen Sie eventuell einen großen Winkel oder eine gerasterte Schablonierfolie an und markieren Sie den genauen Linienverlauf mit einem Seifenspan. Schneiden Sie die Kanten gerade ab (siehe Seite 102).

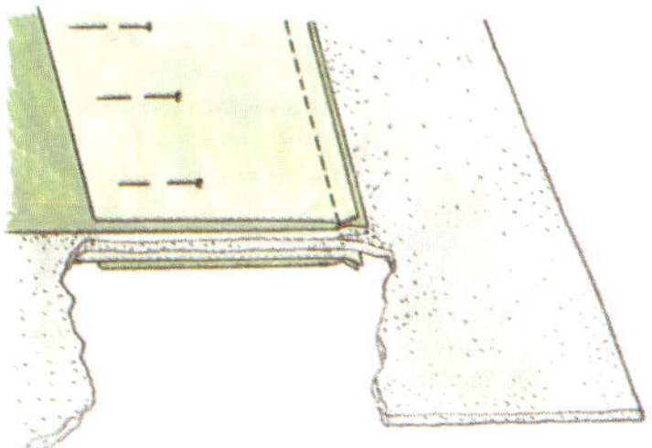

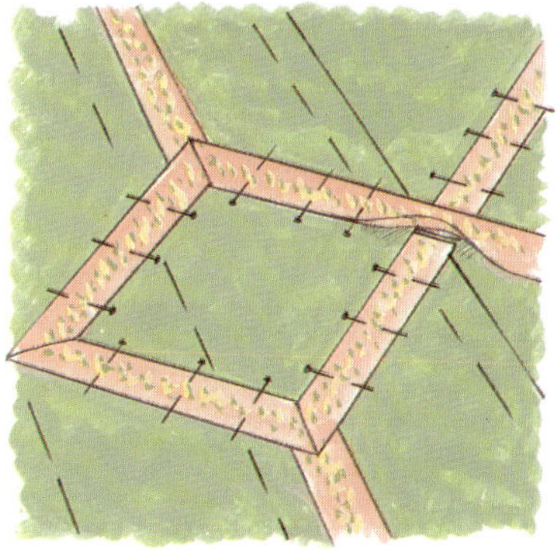

8 Legen Sie die kürzeren Randstreifen – mit den Vorderseiten aufeinander – an die Ober- und Unterkante des Quilts. Die Schnittkanten müssen exakt abschließen. Heften Sie sie an. Drehen Sie den Quilt um und befestigen Sie auch die anderen Randstreifen an der Unterseite. Die Wattierung liegt zwischen den Schichten. Stecken Sie die Randstreifen zusätzlich mit Nadeln fest, bevor Sie den Saum von der Rückseite nähen.

9 Drehen Sie den Stoff um und schlagen Sie die Randstreifen über die Wattierung. Der Rückenstoff darf sich nicht verziehen. Stecken Sie die Schichten an der Verbindung, in der Mitte des Randstreifens und an den Kanten zusammen. Heften Sie die längeren Randstreifen an den beiden übrigen Seiten in gleicher Weise an. Nähen Sie die 3 Schichten mit Heftstichen zusammen.

10 Nun werden die letzten Borden angebracht, die die Saumlinien und Enden der anderen Bänder verdecken. Markieren Sie mit einem Seifenspan die äußerste Bordenlinie 15 cm vom Außensaum entfernt. Zeichnen Sie an jeder Ecke ein Quadrat mit 18 cm Seitenlänge – innerhalb der Ecken. Dazu kommen noch 4 jeweils 20 cm große diagonal stehende Quadrate in der Mitte der äußeren Begrenzungslinien, deren innere Spitzen an das innere diagonale Viereck grenzen.

Falten Sie die 34 cm langen Jacquardborden in der Mitte und bilden Sie Ecken. Legen Sie sie in die Ecken des äußersten Vierecks. Falten Sie die 144 cm langen Jacquardborden ebenfalls in der Mitte zu Ecken. Legen Sie sie auf gleiche Weise an die langen rechten Winkel, wobei sie die Enden der vorher aufgenähten Bänder verdecken.
Die 185 cm langen Jacquardborden laufen diagonal über die Saumlinien zwischen dem Mittelquadrat und den Dreiecken für den Rand. Die erste Eckfalte hat innen 18 cm Abstand vom einen Bordenende. Die zweite und dritte Ecke liegen je 15,5 cm davon entfernt. Stecken Sie die langen Borden samt „Loopings" außen gegen die Hilfslinie für das mittlere Quadrat. Die Enden werden nach innen geschlagen, festgesteckt und mit der Maschine genäht.

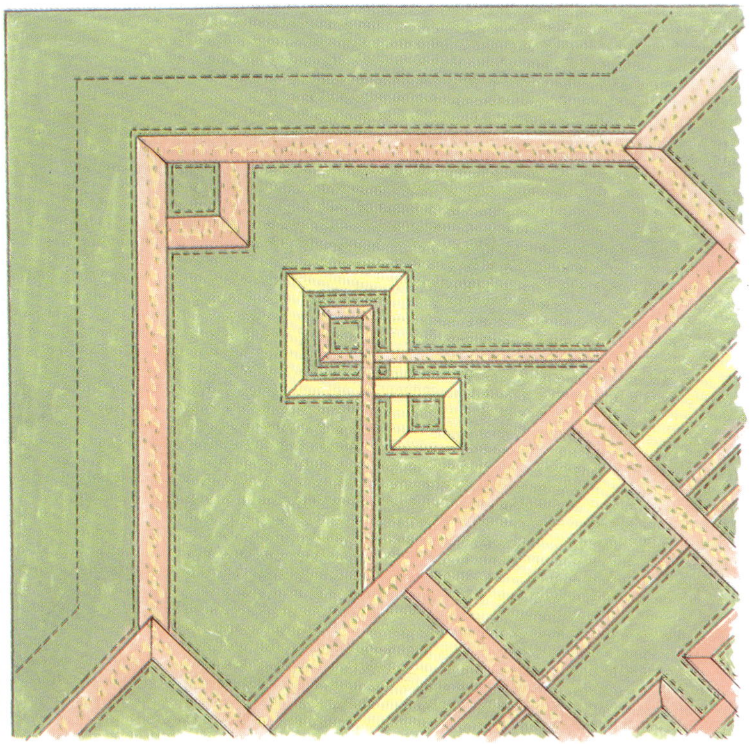

11 Zum Schluß fügen Sie noch die reinen Stepplinien wie auf der Zeichnung links zwischen den Borden ein. Falls Sie keinen Fuß mit Abstandhalter besitzen, markieren Sie die Linien zunächst mit einem Seifenspan, damit sie immer den gleichen Abstand von den Borden haben.

Ziehen Sie alle Heftfäden wieder heraus, schneiden Sie alle Stoffkanten mit Hilfe eines Rollschneiders, einer Schneidematte und eines Winkels oder Rasterfolie (siehe Seite 99) gerade ab. Säubern Sie die Außenkanten mit Einfassungsstreifen, wie auf Seite 104/105 gezeigt.

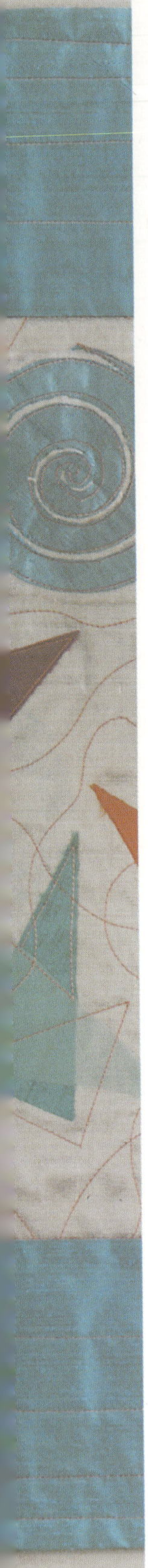

Frei nach Kandinsky

Dieses extravagante Wandbild aus schillernden Seiden-, Satin- und Organzaresten erinnert an Werke des russischen Malers Wassily Kandinsky. Die geometrischen Muster wurden zunächst auf Haftvlies gebügelt und sind so leichter zu handhaben. Sie werden mit der Maschine angenäht. Das fertige Bild mißt 63 cm im Quadrat.

MATERIAL

Quadratisch zugeschnittene hellgraue Doupion-Seide für den Hintergrund, 40 cm Seitenlänge

60 cm türkise Doupion-Seide oder Satin für den Rahmen, 114 cm breit

1,2 m Domette

1 Spule rosa Maschinenstickgarn

Reste von Seiden-, Satin- und Organzastoffen in knalligen Farben

50 cm Haftvlies

1 Zeichnen Sie nach eigenem Geschmack einfache geometrische Formen auf die Papierseite des Haftvlieses. Sie erscheinen auf dem fertigen Bild seitenverkehrt. Sie werden teilweise umrahmt, teilweise mit einfachen Nähten aufgenäht. Manche werden diagonal zum Fadenlauf abgeschnitten, um nicht auszufransen. Schneiden Sie die Teile etwas außerhalb der Markierungslinien aus.

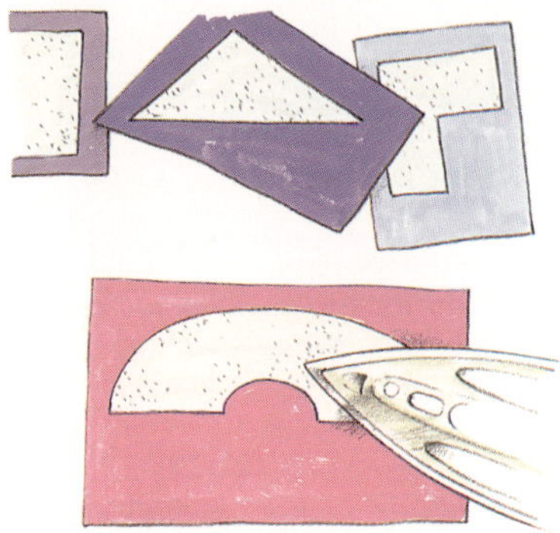

2 Suchen Sie knallig bunte Seidenreste zusammen. Die aus dem Vlies ausgeschnittenen Formen auf die Seide aufbügeln. Bei Organza nicht aufbügeln, da diese Teile nur mit ein paar Stichen festgenäht werden. Seidenteile ausschneiden, Organzateile mit dem Rollschneider auf der Schneidematte ebenfalls ausschneiden (siehe Seite 99).

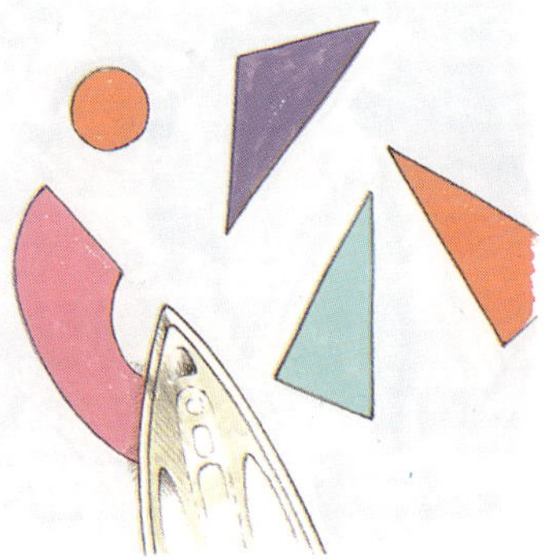

3 Arrangieren Sie die ausgeschnittenen Formen bis Ihnen die Anordnung gefällt. Die Seidenteile mit der Vliesrückseite werden nach Herstellerangaben aufgebügelt. Nehmen Sie die Organzateile vorher außer Reichweite, da sie bei Berührung mit dem Bügeleisen zu schmelzen anfangen.

4 Schneiden Sie aus Domette ein 41 cm großes Quadrat, legen Sie die Seide darüber und stecken Sie beides zusammen (siehe Seite 150). Mit der Maschine um die runden Platten, Vierecke und einige der Dreiecke nähen.
Beim Befestigen der runden Teile arbeiten Sie langsam und drehen den Stoff mit. Fadenenden auf die Rückseite ziehen und verknoten. Stecken Sie nun die Organza- und Crepe-de-chine-Stücke auf den Unterstoff. Übernähen Sie sie mit Schlangenlinien. Schneiden Sie den Stoff auf exakt 39,5 cm Seitenlänge zurecht.

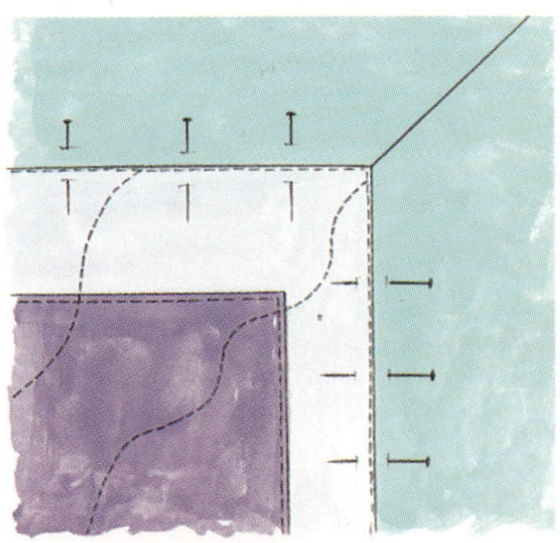

5 Schneiden Sie aus der Seide für den Rahmen 4 jeweils 15 x 66 cm große Rechtecke. Befestigen Sie sie am Bild. Arbeiten Sie die Ecken diagonal, wie auf Seite 104/105 gezeigt. Bügeln Sie das Ganze.

Schneiden Sie eine Rückwand aus Domette mit 63 cm Seitenlänge. Stecken Sie diese mit Stecknadeln auf die Rückseite des Bildes. Achten Sie darauf, daß die Ränder alle gleich groß werden. Die Randstreifen

ragen darüber hinaus und werden nach hinten gefaltet. Stecken und nähen Sie nach der Anleitung auf Seite 106 auf der Verbindungslinie zwischen Bild und Stoffrahmen. Diese Naht sollte kaum sichtbar sein. Die Fadenenden wie vorher nach hinten ziehen.

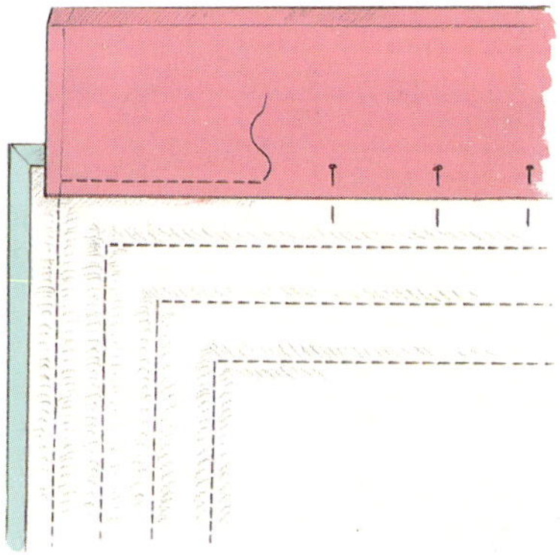

6 *Stecken Sie die überhängenden Seidenenden auf die Rückseite und nähen Sie sie mit Schlingstichen an. Markieren Sie mit Hilfe eines Lineals, Winkels und Seifenspans auf der Vorderseite des Rahmens Stepplinien in 4 cm, 3 cm, wieder 3 cm, 1,5 cm und nochmals 1,5 cm Abstand. Stecken Sie sie mit Nadeln nach. Schneiden Sie einen Durchzug zum Aufhängen in 11 x 62 cm Größe zurecht.*
Schlagen Sie an allen Kanten einen Saum ein.

Steppen Sie die Linien nach – innen beginnend (siehe Seite 106/107). Beim Drehen des Stoffes an den Ecken bleibt die Nadel im Stoff. Heften Sie den Durchzug – wie auf der Zeichnung oben zu sehen – an der Oberkante des Bildes mit auf die äußerste Nahtlinie. So wird er beim Steppen mit gehalten.
Nähen Sie noch ein paar weitere Kurven über das Bild, damit die Rückseite fest sitzt. Schlagen Sie schließlich den Durchzug auf der Rückseite um, nähen Sie ihn mit Schlingstichen fest, damit die Oberkante des Bildes sich beim Aufhängen nicht verzieht.

Stepparbeiten

Im Gegensatz zu Quilts bestehen Steppdecken meist aus einem einzigen Stoff, der durch aufgenähte Linienmuster kunstvoll verziert ist. Oft sind die einzelnen Felder oder Gesamtflächen mit Wattierung unterlegt, damit sich die kunstvollen Nähte besser abheben.

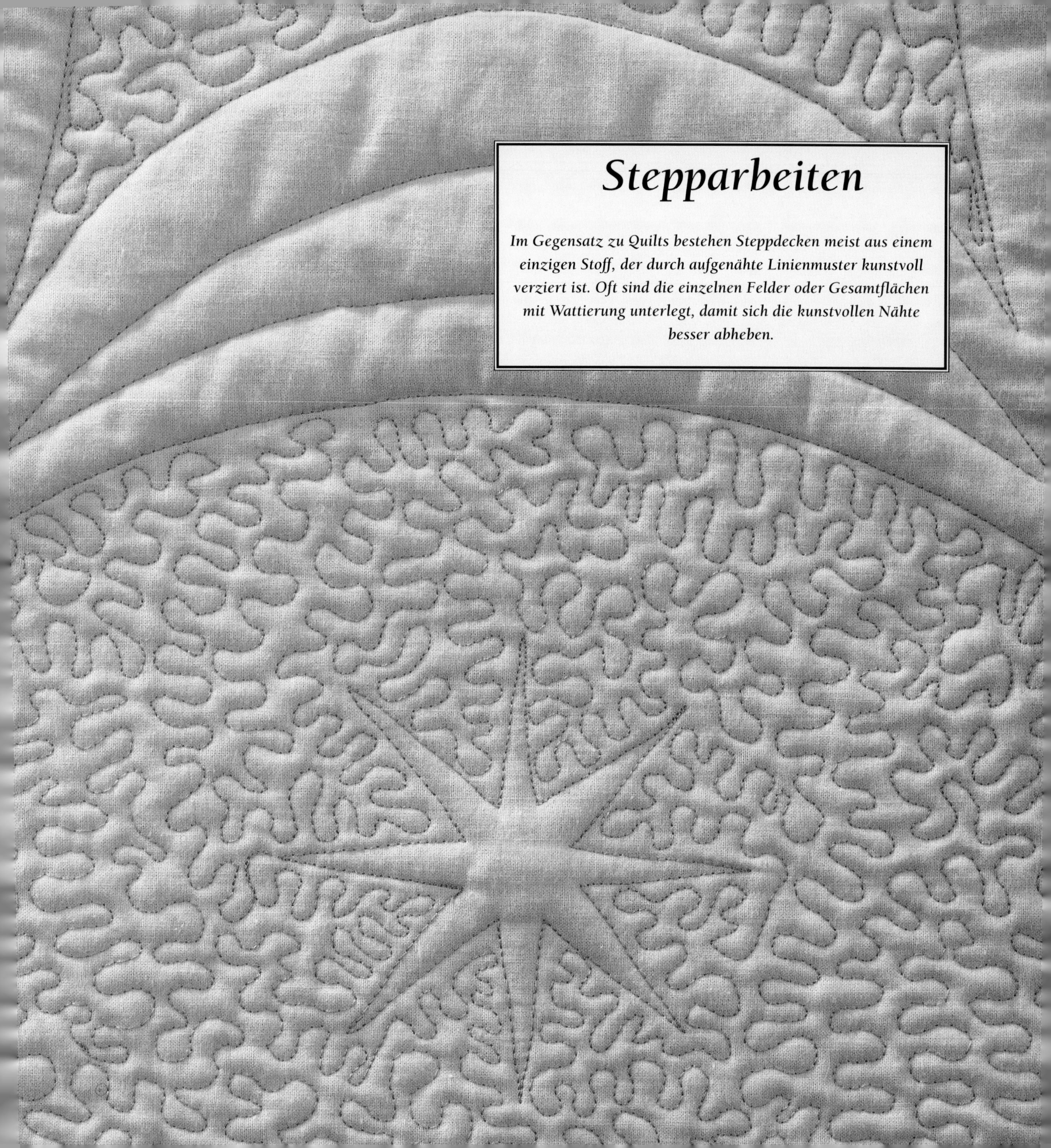

Blumenbordüren

In früheren Zeiten hätte der traditionelle Streifenquilt viele Stunden Arbeit gekostet. Mit der Nähmaschine ist er heutzutage viel schneller fertig. Wählen Sie Stoff mit einem klassischen oder modernen Muster, am besten Streifen unterschiedlicher Breiten. Möbelstoff ist meistens breit genug für eine Bettdecke, zumal die Ränder noch angesetzt werden. Diese können in beliebiger Breite zugeschnitten werden – je nachdem wie weit der Quilt herabhängen soll. Der fertige Quilt ist 152 x 239 cm groß.

MATERIAL

2,2 m leichter Möbelstoff mit floralem Streifenmuster, 138 cm breit

2,2 m passender ungemusterter Stoff für die Ränder, 114 cm breit

2,3 m Stoff für die Rückseite, 152 cm breit

162 x 249 cm Wattierung

2 Rollen passendes Baumwollnähgarn

fertig gekaufte Schablone für Wellenlinien passend zur Breite der Stoffstreifen (Schablonen sind meist aus dünner Metallfolie mit eingestanzten Mustern erhältlich)

feiner Bleistift

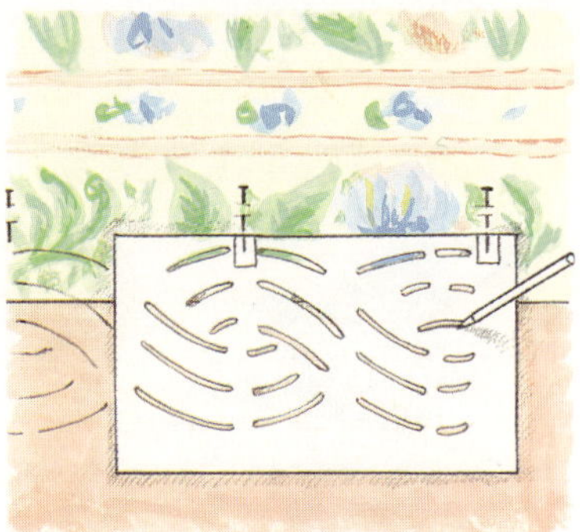

1 *Legen Sie die Stoffe glatt aus. Schneiden Sie die Kanten gerade, sowie die Webkanten weg. Der Streifenstoff sollte 213 cm lang werden.*

Schneiden Sie 4 je 17 cm breite Streifen aus dem einfachen Stoff für den Rand: 2 x je 169 cm und 2 x je 213 cm lang. Nähen Sie diese – zuerst die Seiten, dann Ober- und Unterkante – an den gemusterten Stoff (siehe Seite 102/103). Bügeln. Markieren Sie die Punkte, wo sich das Muster wiederholt, auf der Schablone. Messen Sie nach, wie lang das Steppmuster werden soll, und teilen Sie die Zahl durch die Länge der Schablone. Wenn es nicht genau aufgeht, müssen Sie die Zwischenräume zwischen den Mustern leicht verändern. Markieren Sie jeden Musteransatz wie oben gezeigt auf dem Stoff, wobei Sie nach Bedarf den Freiraum zwischen den Mustern etwas stauchen oder strecken.

Deuten Sie nun mit Hilfe der Schablone und des Stoffstiftes die Linienverläufe auf dem Stoff an. Sie laufen leicht in das Blumenmuster hinein.

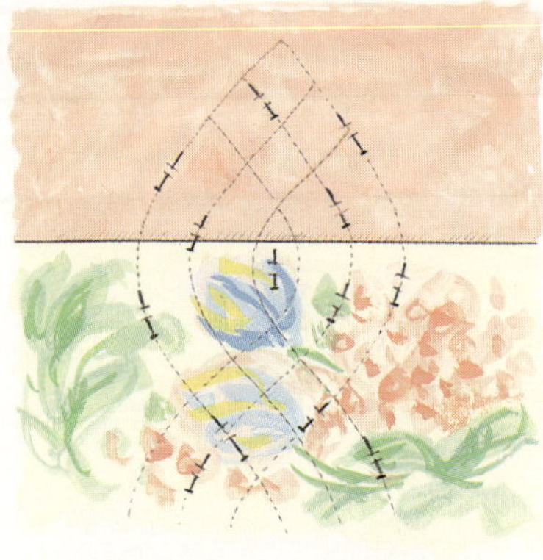

2 *Der Rückenstoff kann etwas kleiner ausfallen. Daher werden die Randstreifen großzügig geschnitten, um dies auszugleichen. Nach den Anleitungen auf Seite 106 werden nun Rückenstoff, Wattierung und Vorderstoff aufeinandergelegt. Stecken Sie alle Schichten in Nährichtung an den äußeren und einige der inneren Markierungen mit Stecknadeln zusammen; ebenso entlang der vorgedruckten geraden Musterstreifen auf dem Oberstoff. Beim Nähen werden die Nadeln einzeln wieder herausgezogen.*

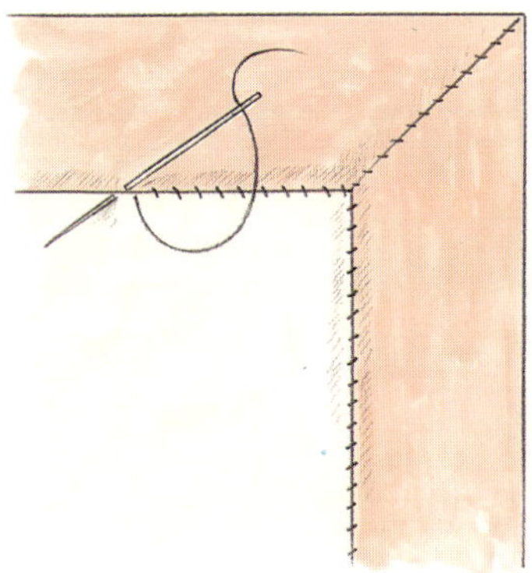

4 *Falten Sie die Stoffränder so um, daß ein 10 cm breiter Rahmen aus dem einfarbigen Stoff stehen bleibt. Falten Sie die Stoffränder nach hinten, wobei Sie die Ecken diagonal legen. Schlagen Sie nochmals einen knapp 8 mm breiten Saum an der Stoffkante ein. Stecken und nähen Sie den Saum mit Schlingstichen fest (siehe Seite 102/103).*

3 *Steppen Sie zuerst die geraden Linien nach und ziehen Sie die entsprechenden Nadeln aus dem Stoff. Nähen Sie anschließend die geschwungenen Linien – zuerst die äußeren, dann die inneren. Durch einen kleinen Rückstich an jedem Ansatzpunkt wird der Faden fixiert.*

Schnelles Sashiko

Sashiko ist eine traditionsreiche japanische Stepptechnik, die meist per Hand ausgeführt wird. Die überlieferten Muster stammen teilweise noch aus früheren Zeiten, als wertvolle Stoffe durch Steppen nicht nur verziert, sondern auch stabiler gemacht werden sollten. Meist wird Sashiko auf blauem Indigostoff in weißen Stichen ausgeführt. Doch Sie sehen, auch grobe Seide, mit Knopflochgarn bestickt, ergibt sehr schöne Resultate. Die Muster werden von der Rückseite her gearbeitet, das Knopflochgarn kommt also in die Spule für den Unterfaden. Der kleine Quilt ist 71 x 101 cm groß.

Die Japaner lieben asymmetrische Muster, wie an diesen vier traditionellen Beispielen zu sehen ist: die Sieben Schätze des Buddha (Mitte), Fischschuppen (unten), Kiebietz (rechts) und Steppmuster (links). In Japan wurde für die groben Indigo-Stoffe meist keine Wattierung verwendet. Dennoch waren die daraus hergestellten Kleidungsstücke für Bauern und Fischer warm genug.

MATERIAL

80 cm grob gewebter Seidenstoff, 114 cm breit

1,1 m Baumwollfüllstoff

80 cm Rückenstoff, 114 cm breit

1 Rolle gelbes Knopflochgarn

2 Rollen gelbes Baumwollnähgarn

Schnittmusterpapier mit 5-cm-Raster

Schneider-Kohlepapier und Kopierrädchen

Kreppband

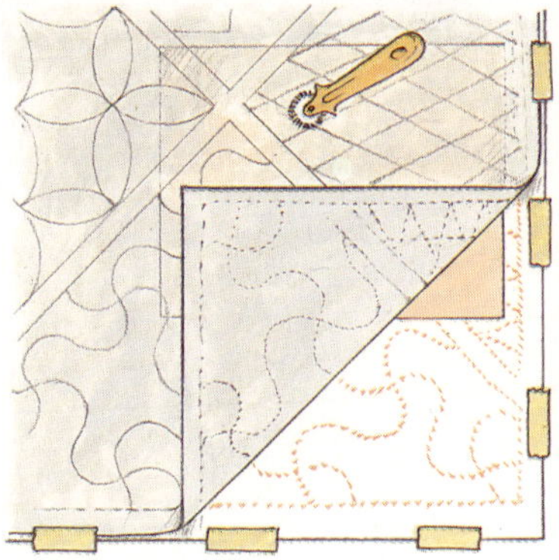

1 *Vergrößern Sie die Mustervorlage auf das Rasterpapier, wie auf Seite 97 beschrieben. Sie soll 69 x 99 cm groß werden. Schneiden Sie Seide, Füllung und Rückenstoff zu 80 x 110 cm großen Rechtecken. Kleben Sie den Füllstoff mit Kreppband auf den Tisch, legen Sie die Seide darüber und kleben Sie diese ebenfalls an. Legen Sie das Kohlepapier zwischen beide Schichten – Kohleseite nach unten – und übertragen Sie mit dem Kopierrad die Linien auf den Stoff. Sie sind als schwarze Pünktchenreihen sichtbar.*

2 *Stecken Sie mit Sicherheits- oder Stecknadeln die Stoffschichten an vielen Stellen aufeinander. Dabei liegt der Füllstoff oben, denn alle Linien werden von der Rückseite her nachgenäht.*

3 *Umwickeln Sie die Spule für den Unterfaden mit dem Knopflochgarn und stellen Sie die obere Fadenspannung etwas lockerer. Für den Oberfaden wird normales Nähgarn verwendet. Stellen Sie die Stichlänge relativ groß ein. Probieren Sie auf einem Flicken, ob beide Fadenspannungen stimmen. Steppen Sie zunächst – in der auf Seite 75 angedeuteten Reihenfolge, damit Sie möglichst wenig neu ansetzen müssen – die mittleren Muster.*

4 *Nun folgen die Zickzacklinien zu beiden Seiten des Mittelmotivs. Wenn die Nahtrichtung wechselt, lassen Sie die Nadel im Stoff stecken, heben den Fuß an, drehen den Stoff, lassen den Fuß wieder herunter und nähen weiter. So ergeben sich exakte Ecken (siehe Seite 107). Ziehen Sie die Fadenenden auf die Rückseite und verknoten Sie sie. Arbeiten Sie nun auch die anderen Muster auf dieselbe Art nach.*

5 *Wickeln Sie nun normales Nähgarn auf die untere Spule, stellen Sie die obere Fadenspannung fester und die Stichlänge auf etwa 2,5 mm ein. Nähen Sie die geraden Linien zwischen den Musterfeldern mit einer einfachen Naht. Sie dient nur als Orientierungslinie für die Ziernähte, die später von der Vorderseite her angebracht werden.*

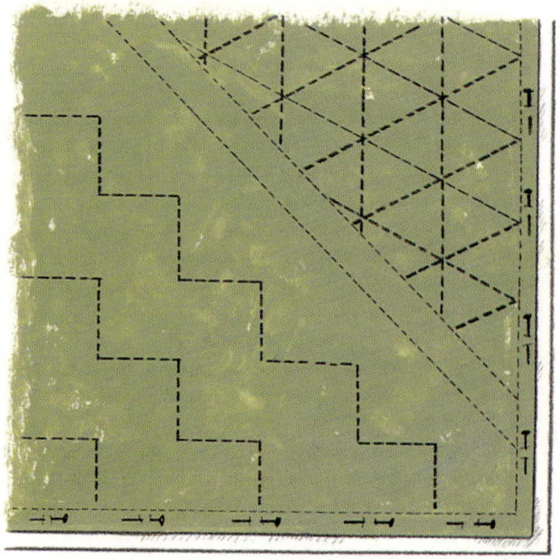

6 *Schneiden Sie die Stoffkanten bis auf einen 1 cm breiten Rahmen zurück; den Füllstoff noch etwas schmaler. Schlagen Sie die Kanten des Oberstoffes zu einem Saum nach hinten, der die Füllung umschließt. Feststecken und den Rückenstoff auflegen.*

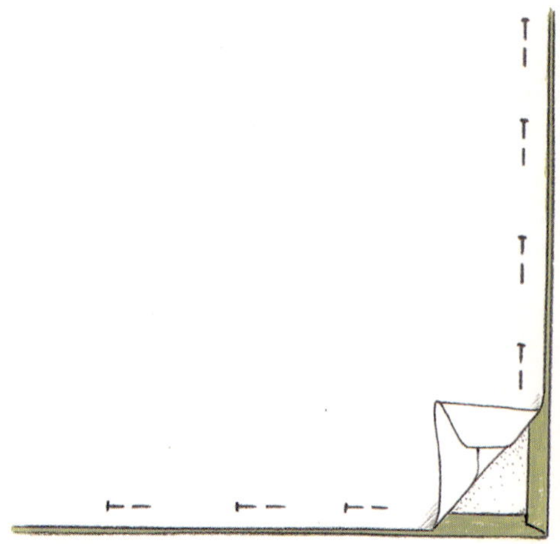

7 *Der Rückenstoff wird wie auf der Zeichnung so weit eingeschlagen, daß er etwas schmaler als der Vorderstoff ist. Stecken Sie die Säume mit Stecknadeln fest.*

8 *Zum Schluß nähen Sie die geraden Nähte zwischen den Musterfeldern mit einem Zierstich nach. Auch der Rand wird auf diese Art nochmals übernäht. Die Zierstichnaht fixiert gleichzeitig die Stoffkanten auf der Rückseite, so daß sich ein sauberer Saum ergibt.*

RAPPORT-VORLAGE FÜR DAS SASHIKO-MUSTER:
1 KÄSTCHEN = 5 CM

Fadenspiel

Der edle Glanz der Doupion-Seide bildet den idealen Hintergrund für das raffinierte Streifenmuster aus bunten Steppnähten. Das Dessin selbst ist durch Patchwork inspiriert. Die Felder sind mit einfachen Nahtreihen ausgefüllt. Nur 4 Grundfarben – Rot, Blau, Gelb und Grün – wurden hier verwendet. Mit hellem Garn und untereinander gemischt, ergeben sie ein erstaunlich reiches Farbenspektrum. Das fertige Bild mißt 78 cm im Quadrat.

MATERIAL

1 m cremefarbene Doupion-Seide, 114 cm breit

1 m feiner Füllstoff

1 m Rückenstoff, 114 cm breit

je 2 Rollen glänzendes Maschinenstickgarn in Rot, Blau, Gelb und Grün (Größe 30)

6 Rollen cremefarbenes glänzendes Maschinenstickgarn (Größe 30)

feiner Bleistift oder Kreidestift

1 *Fertigen Sie mit Hilfe von einzelnen Fotokopien oder gerastertem Schnittmusterpapier einer Schablone des gesamten Musters, in die Sie auch die Farbkombinationen eintragen. Schneiden Sie den Rückenstoff in ein exaktes Quadrat mit 1 m Seitenlänge.*
Falten Sie es diagonal und verwenden Sie die Knickfalten als Orientierungslinien. Zeichnen Sie ein Quadrat mit 73 cm Seitenlänge genau in die Mitte des Stoffes. Deuten Sie nach der Vorlage auch auf dem Rückenstoff die Rand- und Trennlinien für die Quadrate an.

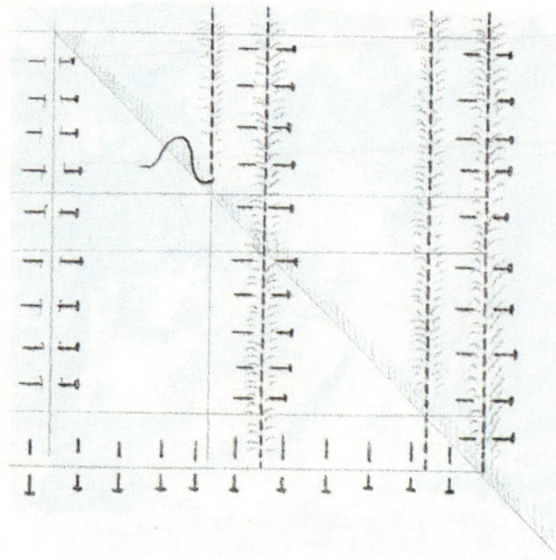

2 *Schneiden Sie Seide und Füllung ebenfalls in 1 m große Quadrate. Legen Sie die Seide mit der Oberseite nach unten auf den Tisch. Kleben Sie die Ecken mit Kreppband an. Rückenstoff und Füllung an den geraden Linien aufeinandernähen. Die Stoffoberseite liegt oben. Stecken Sie vor dem Arbeiten die Linien im rechten Winkel mit Stecknadeln fest. Nehmen Sie den Stoff vom Tisch und nähen Sie mit der Nähmaschine alle Linien für die Kästchen nach.*

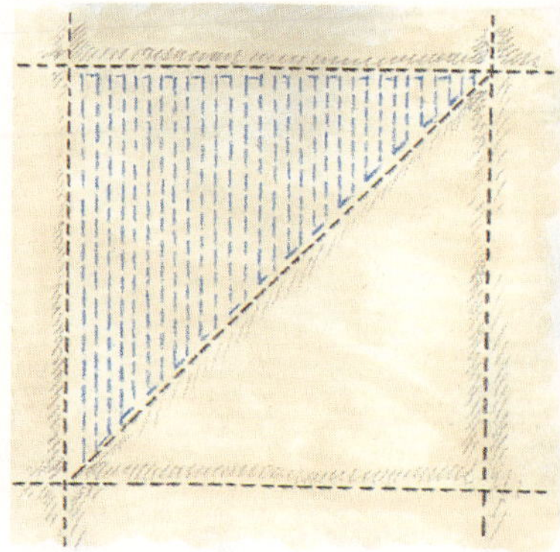

3 *Die Felder werden entsprechend der Vorlage bei Schritt 1 mit geraden Nähten in unterschiedlichen Farben ausgefüllt. Die Stichlänge ist etwa 2,5 mm. Am Ende der Naht bleibt die Nadel jeweils im Stoff. Heben Sie den Nähmaschinenfuß an, setzen Sie eine Stichlänge neben der ersten Naht die zweite an. Füllen Sie alle Kästchen und Dreiecke auf dieselbe Weise mit bunten Nähten nach dem vorgegebenen Schema. Mischen Sie farbige und cremefarbenes Garn für die helleren Töne. Schneiden Sie die Fadenenden immer weg.*

4 *Damit Sie nicht ständig die Fäden wechseln müssen, arbeiten Sie die Drei- und Vierecke mit einer Farbe bis ans Rollenende. Dann beginnen Sie irgendwo in der Mitte zwischen den schon genähten Linien mit der zweiten Farbe. Nähen Sie aber nicht über die Begrenzungslinien hinaus.*

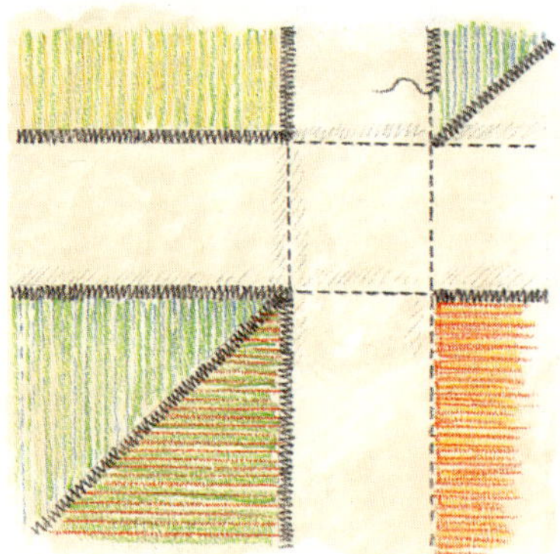

5 *Wenn alle Felder voll sind, arbeiten Sie eine Ziernaht über die Diagonale der unterteilten Kästchen (Plattstich oder Dreifachnaht). Auch die Umrandungslinien sämtlicher Felder werden in cremefarbenen Zierstichen ausgeführt. Verknoten Sie die Fadenenden auf der Rückseite* *(siehe Seite 106).*

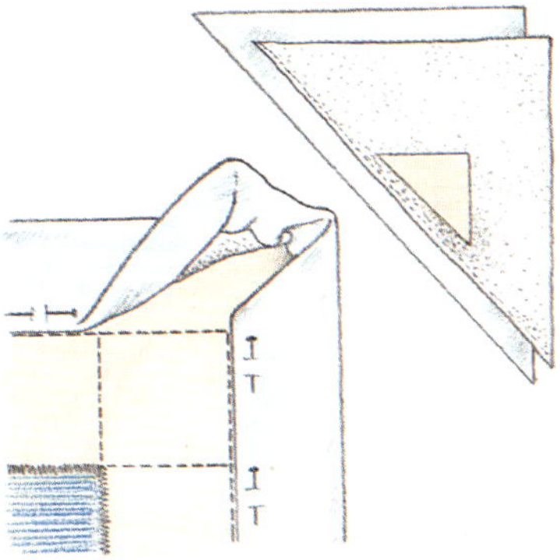

6 Die vielen Nähte verziehen den Stoff oft. Der Rand des Quilts kann und soll daher sehr füllig gearbeitet werden, um Unregelmäßigkeiten zu kaschieren: Stecken Sie Seide und Füllstoff weg, damit sie nicht stören. Schneiden Sie den Rückenstoff an allen Kanten mit dem Rollschneider gerade. Neben der äußersten Nahtlinie bleiben 1,5 cm Stoff stehen. Schneiden Sie die Füllung 8 cm breit ab.
Kappen Sie die Ecken von Vorder- und Rückenstoff sowie Füllung, so daß Sie eine diagonal zusammenstoßende Ecke falten können (siehe Seite 105).

Schneiden Sie einen Durchzug (durch den eine Leiste zum Aufhängen gesteckt wird) für die Oberkante: Größe 9 x 72 cm. Nähen Sie an den Schmalseiten einen Saum. Falten Sie an einer der Längsseiten ebenfalls einen Saum. Schlagen Sie Füll- und Vorderstoff zu einem doppelten Saum um, wobei Sie die nicht gefaltete Längskante des Durchzuges hineinlegen. Kanten stecken und festheften (siehe Seite 107). Wenn der Quilt an der Oberseite durchhängt, verstärken Sie die Kante nochmals durch eine unsichtbare Naht und ziehen ihn vorsichtig gerade.

Falls Sie mit der Nähtechnik noch nicht so vertraut sind, üben Sie an einem kleinen Reststück – samt Füll- und Rückenstoff –, bevor Sie sich an den großen Quilt wagen.

Von Englein bewacht ...

Die Englein aus dem bekannten Schlaflied sind hier auf einer reizenden kleinen Steppdecke für ein Babybett verewigt. Die feinen Steppereien ergeben eine interessante Oberflächenstruktur. Ergänzt sind die Figuren durch Schleifen, Sterne und Herzmuster. Wenn Sie noch keine Übung im Maschinensteppen haben, reicht es auch, nur die Fläche zwischen Herz und Schleifen mit kringeligen Linien auszufüllen. Das Nähgarn ist etwas dunkler als der Stoff, damit es gut absticht. Die fertige Decke ist 70 x 100 cm groß.

MATERIAL

1,7 m gelber Baumwollstoff, 140 cm breit

80 x 110 cm Wattierung

1 Rolle dunkelgelbes Nähgarn

Schnittmusterpapier mit 5-cm-Raster

wasserfester Filzstift

spitzer Bleistift oder Stoffstift

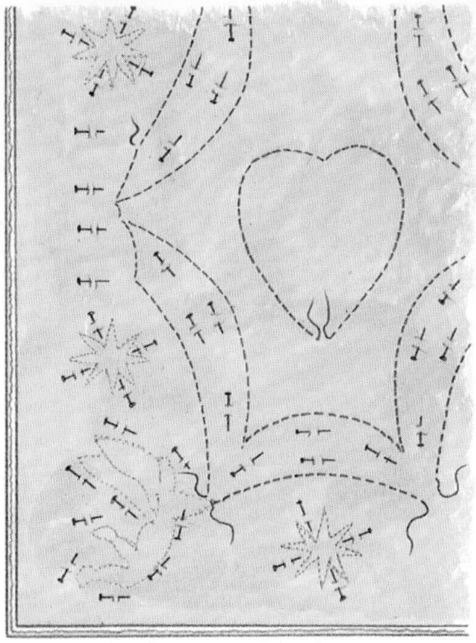

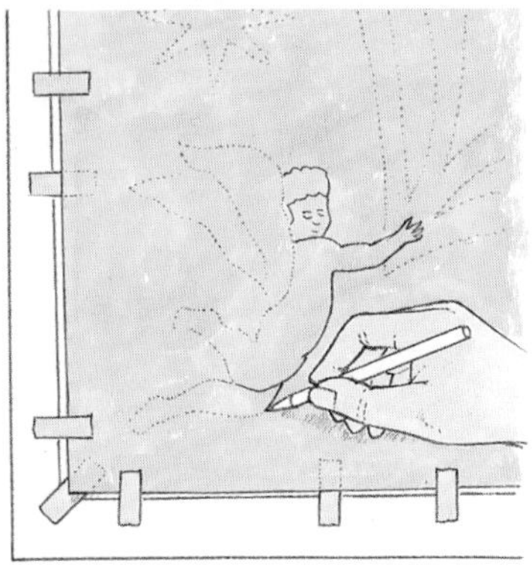

1 *Schneiden Sie 2 je 4 cm breite Stoffstreifen zum Einsäumen des gelben Stoffs. Teilen Sie den restlichen Stoff in 2 gleich große Bahnen. Vergrößern Sie das halbe Muster rechts auf das Rasterpapier (siehe Seite 97). Kleben Sie es auf einem weißen Hintergrund auf den Tisch. Kleben Sie mit Kreppband den Stoff darüber. Übertragen Sie mit dem Bleistift das durchscheinende Muster sowie den Namen des Kindes auf den Stoff.*

2 *Stecken Sie Oberstoff, Wattierung und Rückenstoff zusammen und bereiten Sie das Maschinensteppen vor (siehe Seite 106). In der Mitte beginnend, nähen Sie die markierten Linien nach: erst das Herz, dann die Bogen, Schleifen und die Engel. Dabei werden viele Nähte verbunden, ohne abzusetzen. Wenn alle Motive ausgeführt sind, werden die Fadenenden auf die Rückseite gezogen. Nähen Sie auch noch die Buchstaben ins Herz.*

Ebenfalls in der Mitte beginnend steppen Sie die kringeligen Schlangenlinien in die dafür vorgesehenen Flächen. Arbeiten Sie langsam, und gönnen Sie sich immer wieder Pausen zwischendurch, da das Nähen viel Konzentration erfordert.

Wenn alle Stepplinien ausgeführt sind, werden die Außenkanten glatt abgeschnitten und mit den vorbereiteten Stoffstreifen versäubert (siehe Seite 104/105).

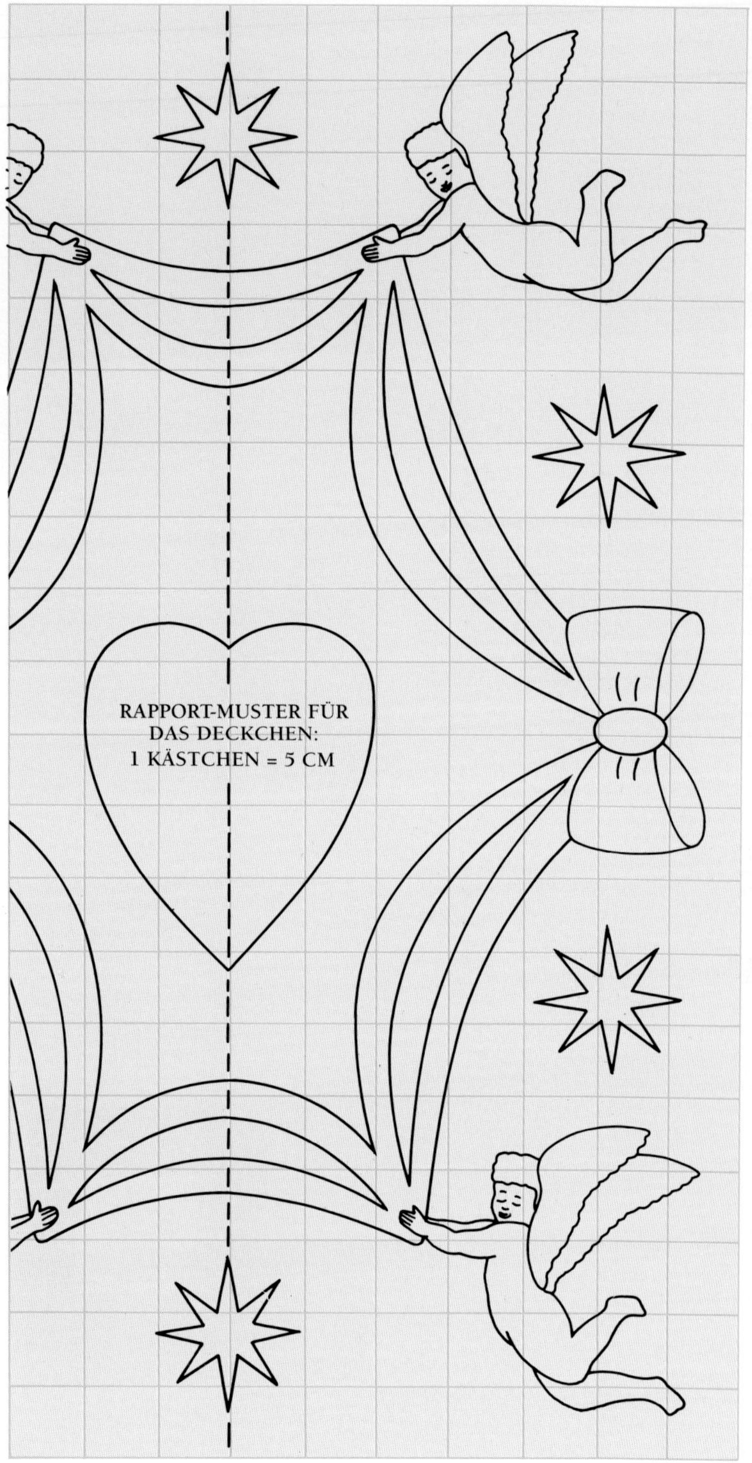

Sophie

Juniors Urwald-Decke

Jetzt geht Junior abends bestimmt gern ins Bett: Ein Stoff mit so aufregendem Dessin wie unsere Urwald-Decke muß nicht mehr groß verziert werden. Durch die Stepperei erhält sie nur den letzten Pfiff. Einzelne hervorstechende Motive wurden durch die Umnähung besonders betont. Leichte Möbelstoffe sind meist in Breiten erhältlich, die ohne Anstückeln für eine Bettdecke reichen. Die Größe läßt sich auch durch einen zusätzlichen Rahmen noch variieren. Die Decke für ein einzelnes Bett ist 150 x 243 cm groß.

MATERIAL

2,5 m leichter Baumwollstoff mit interessantem, großflächigem Muster, 148 cm breit

2,5 cm Baumwollstoff für die Rückseite, 152 cm breit

152 x 243 cm Wattierung

4 Rollen passendes Nähgarn

Kreppband

1 Legen Sie den Rückenstoff mit der Vorderseite nach unten auf einen großen Tisch oder den Fußboden und kleben Sie die Kanten mit Kreppband fest. Legen Sie die Wattierung darüber und schneiden Sie die Kanten gerade. Darüber kommt der Vorderstoff. Stecken Sie alle 3 Lagen zusammen (siehe Seite 105).

Überlegen Sie, welche Motive Sie besonders hervorheben wollen. Wählen Sie möglichst einfache Umrisse, die ohne Absetzen der Naht in einem Stück genäht werden können. Umnähen Sie die Motive nach den genauen Anleitungen auf Seite 106. Die Fadenenden werden jeweils auf die Rückseite gezogen, verknotet und vernäht (siehe Seite 106). Sie sollten so viele Motive einzeln umnähen, daß die drei Schichten gut zusammenhalten.

2 Falls die Kanten sich verzogen haben, werden sie, wie auf Seite 102 beschrieben, gerade gezogen. Nähen Sie die Stoffstreifen für die Einfassung zuerst an die Seiten, dann an die Ober- und Unterkante (siehe Seite 104/105). 3 cm von der Naht entfernt werden die Streifen dann zu einem Saum umgeschlagen.

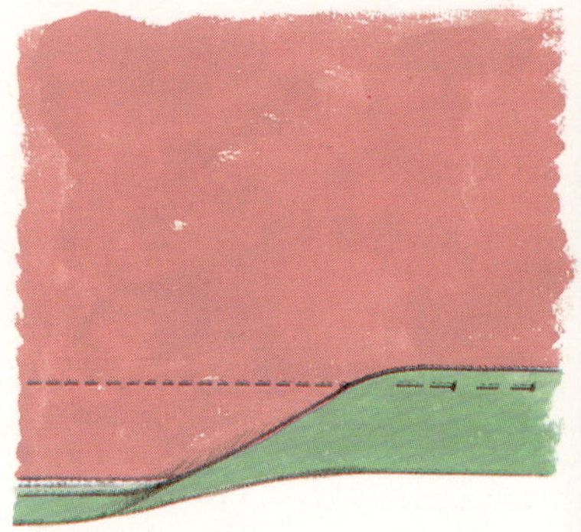

3 Legen Sie diesen Saum, nachdem Sie nochmals einen kleinen Saum an der Kante eingeschlagen haben, auf die Rückseite. Nähen Sie ihn per Hand oder mit der Maschine an. Wenn Sie die Maschine benutzen, stecken Sie ihn von der Vorderseite mit Stecknadeln akkurat zusammen und nähen auch auf der Vorderseite. In der Rille zwischen buntem Stoff und Rahmen ist die Naht fast unsichtbar (siehe Seite 106). Die Saumkante auf der Rückseite wird durch diese Naht gehalten.

Ausblicke

Die folgenden vier Quilts wurden speziell auf die modernen Bedürfnisse abgestimmt:
Erfrischende Farbzusammenstellungen, tolle Stoffe und schnelle Arbeitsmethoden bringen atemberaubende Ergebnisse.
Lassen Sie Ihrer Phantasie freien Lauf.

Sanfte Töne

Zuerst ist es nicht einfach festzustellen, ob dieser Quilt aus rechteckigen oder geschwungenen Stoffflicken zusammengesetzt ist. Tatsächlich besteht er aus beiden Arten und ist viel einfacher nachzunähen als man denkt. Dennoch sollten Sie schon einige Quilterfahrung haben, bevor Sie ihn angehen. Er ist 187 x 218 cm groß.

MATERIAL

je 50 cm Baumwollstoff in Hell- und Mittelgelb, 114 cm breit

je 50 cm Baumwollstoff in Hell- und Mittelgrün, 114 cm breit

je 1,1 m Baumwollstoff in hellem und etwas dunklerem Aprikot, 114 cm breit

je 1 m Baumwollstoff in hellem und etwas dunklerem Türkis, 114 cm breit

je 30 cm Baumwollstoff in hellem und etwas dunklerem Türkis, 114 cm breit

2,3 m Baumwollstoff in dunklem Türkis, 114 cm breit

5 m Baumwollstoff für den Rücken, 114 cm breit, zu einem Stück in der Größe des Vorderstoffs zusammengenäht

197 x 228 cm Wattierung

3 Rollen cremefarbenes Baumwollnähgarn zum Nähen

1 Rolle Nylonfaden zum Steppen

Schnittmusterpapier mit 5-cm-Raster

Schablonierfolie, 30 cm Seitenlänge

wasserfester Stift

doppelseitiges Klebeband

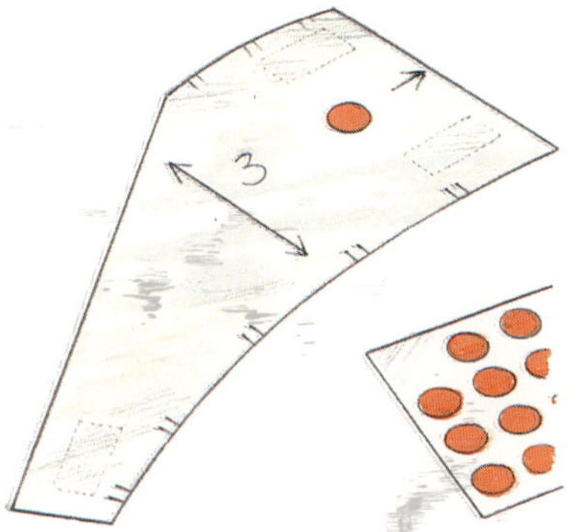

1 *Vergrößern Sie die Vorlagen von Seite 86 auf 30 cm, indem Sie sie auf das Kästchenpapier übertragen (siehe Seite 97). Übertragen Sie die vergrößerte Version mit dem wasserfesten Stift auf die Plastikfolie. Alle Zahlen, Linien (Fadenlauf und Ausrichtung) sowie die Pfeile müssen enthalten sein, damit beim Zusammennähen keine Fehler auftreten. Auf der einen Seite sind die Zahlen gerade, auf der anderen ungerade.*

Markieren Sie mit einem Klebepunkt die Oberseite jeder Schablone. Kleben Sie etwas Klebeband auf die Rückseiten, bevor Sie sie an den geschwungenen Linien auseinanderschneiden.

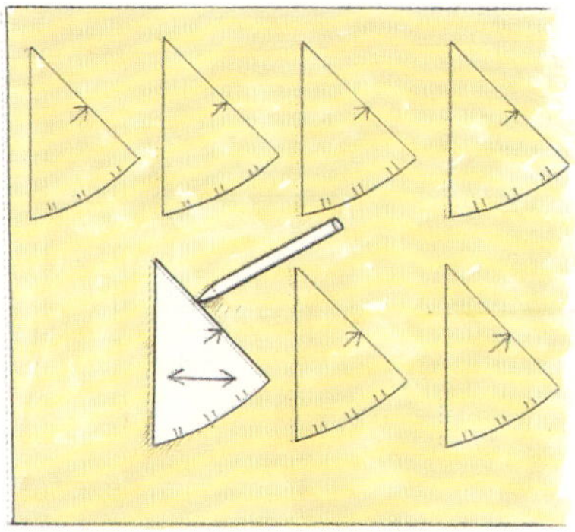

2 *Die Vorlage ist von der Rückseite gezeigt: Legen Sie die Schablonen also auch auf die Rückseite des Stoffes und markieren Sie die Umrisse mit Bleistift, damit alles die richtige Anordnung bekommt. Kleben Sie Schablone 9 mit der Vorderseite oben auf die Rückseite des hellgelben Stoffes – die gerade Linie entspricht dem Fadenlauf. Fertigen Sie auf diese Art 15 Segmente, wobei Sie jedesmal rundum 8 mm für den Saum zugeben. Übertragen Sie sämtliche Hilfslinien und die Doppelstriche (an denen die Stoffstücke aneinanderstoßen) auf den Stoff. Vervielfachen Sie die Schablonen 9 und 10 auf dieselbe Art auf den mittelgelben Stoff.*

Fahren Sie mit den anderen Schablonen auf den entsprechenden Stoffen fort, bis Sie von jedem benötigten Segment 15 Stück in der richtigen Farbe haben. Schablone 7 und 8 sind für die grünen Stoffe, 5 und 6 für die orangen, 3 und 4 für die türkisen und 1 und 2 für die lavendelfarbenen bestimmt.

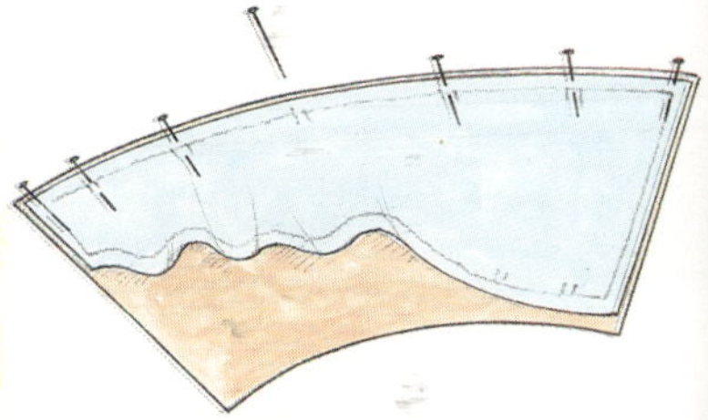

3 *Legen Sie die Segmente geordnet in Stapeln zusammen, damit Sie schnell arbeiten können. Das Feststecken von geschwungenen Nahtlinien dauert zwar, spart aber beim Nähen Zeit. Stecken Sie jeweils 2 Segmente wie unten gezeigt zusammen: Segment 8 und 10, 7 und 9, 4 und 6, 3 und 5. Stecken Sie immer zuerst die Ecken aufeinander. Die nächsten Nadeln führen Sie durch die Doppellinien, wie oben gezeigt. Legen Sie die Flicken an den Doppellinien besonders sorgfältig zusammen. Sie müssen genau übereinander liegen. Stecken Sie nun weitere Nadeln entlang der Nahtlinien. Nähen Sie mit der Maschine über die Linie und prüfen Sie immer wieder den Sitz der Naht nach. In diesem Stadium können Sie noch korrigieren.*

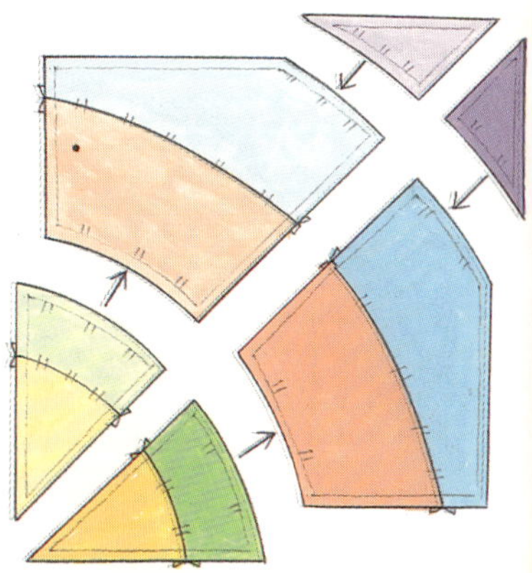

4 *Verbinden Sie nun die Doppelsegmente 7 und 5 mit 8 und 6. Nähen Sie 1 an 3 und 2 an 4.*

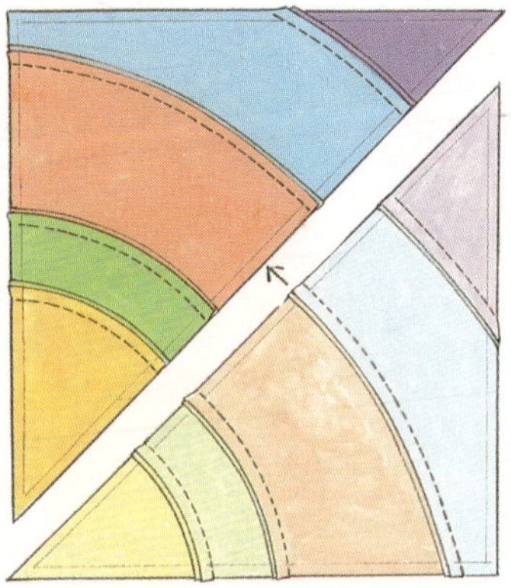

5 *Schneiden Sie die Säume knapp 8 mm breit sauber ab. Dann nachbügeln: Auf dem helleren Dreieck sind sie jeweils nach unten geschlagen, auf dem dunkleren nach oben. Dadurch liegt später der Stoff besser und beult sich nicht aus.*

Sie haben nun 4 verschiedene Sorten von Dreiecken. Sortieren Sie sie nach Farbzusammenstellung und Laufrichtung der Kurven auf 4 Stapel.

6 *Legen Sie nun – wie rechts zu sehen – ein helleres und ein dunkleres Dreieck mit gleichem Kurvenverlauf zusammen. Stecken Sie sie an der langen Diagonalseite mit Stecknadeln zusammen. Nähen Sie sie mit der Maschine sorgfältig zusammen. Bügeln Sie die Säume auseinander (siehe Seite 100). Sie haben zum Schluß 15 Blocks mit dem dunklen Stoff links oben (A) und 15 mit dem dunklen Stoff links unten (B). Legen Sie die beiden Sorten getrennt auf.*

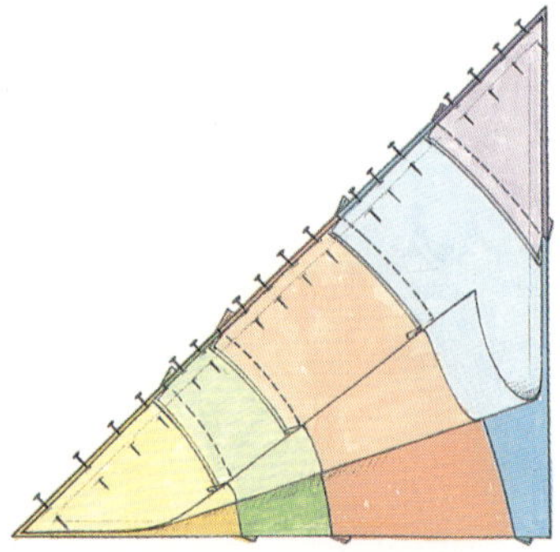

RAPPORT-VORLAGE FÜR DAS MUSTER:

1 KÄSTCHEN = 2,5 CM

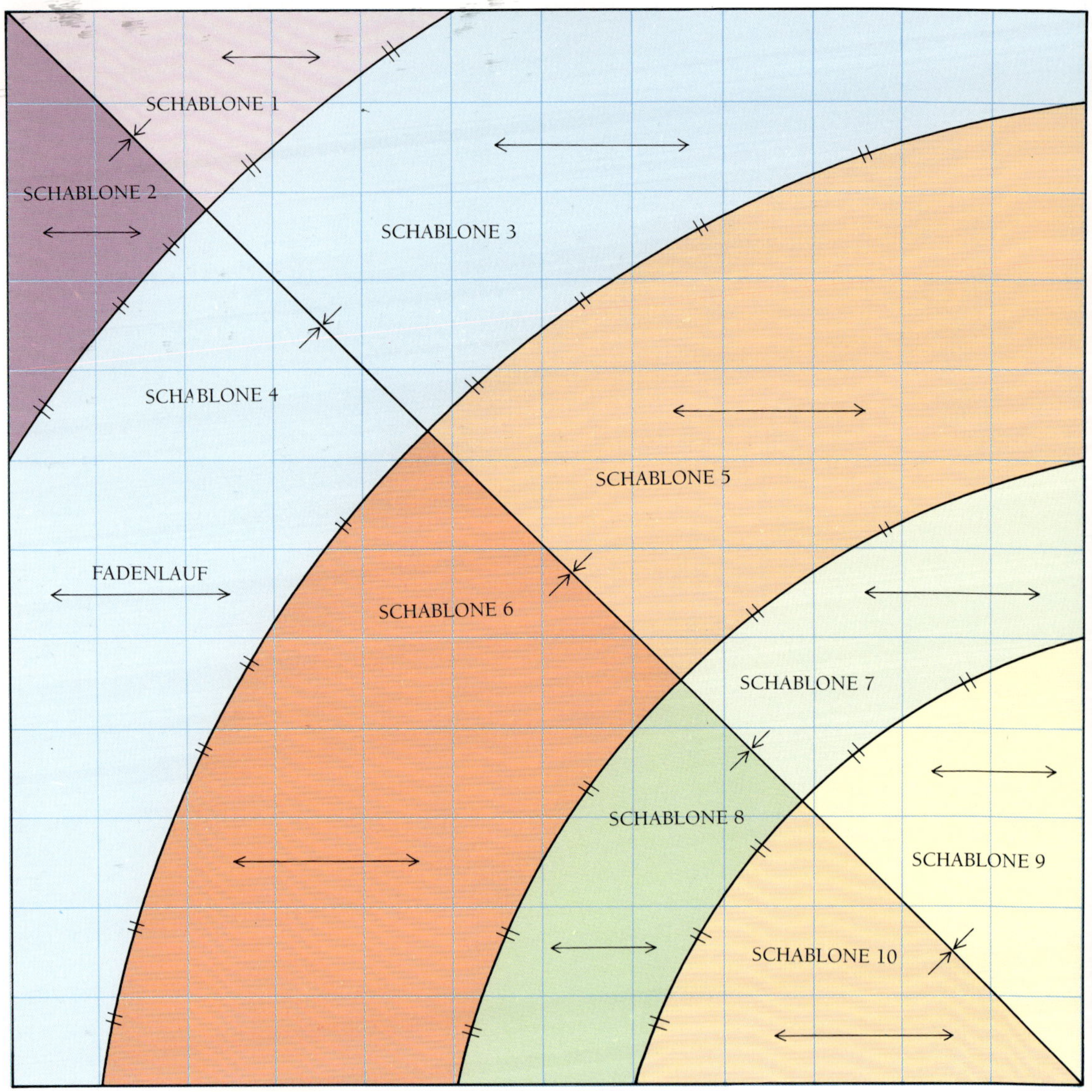

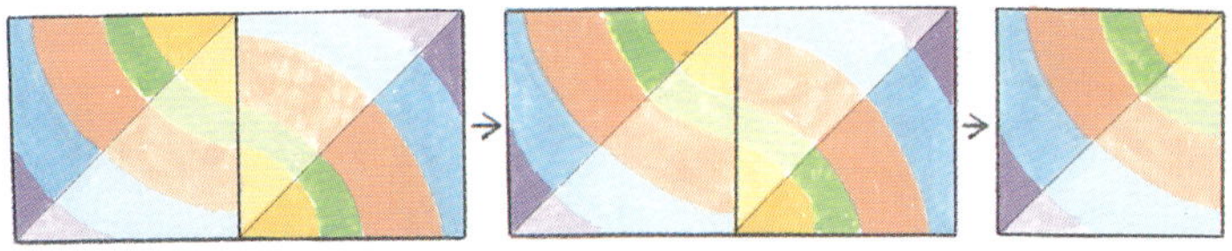

7 Schauen Sie sich oben an, wie die Blocks für die erste Reihe zusammengelegt werden. Die oberste Reihe beginnt links mit einem Quadrat A mit dem Dunkellila links unten. Die dunklere Hälfte liegt links.
Drehen Sie das nächste Quadrat um 180 Grad, bevor Sie es anlegen. Die hellgrünen Segmente stoßen genau aufeinander. Nähen Sie auf diese Art 10 weitere Blocks der Sorte A zu Paaren zusammen. Verbinden Sie die Paare wiederum in 3 Viererreihen. Schließlich kommt ein fünfte Block ans rechte Ende jeder Reihe. Sie haben jetzt 3 Reihen mit Blocks der Sorte A.

8 Für die entgegengesetzten Reihen beginnen Sie links mit einem Block der Anordnung B mit der dunkleren Seite links unten und dem Dunkellila links oben. Drehen Sie wieder den zweiten Block um 180 Grad, damit die grünen Linien aneinanderstoßen. Nähen Sie wieder insgesamt 6 gleiche Paare und diese wiederum zu Viererreihen. Schließen Sie jede Reihe wieder mit einem fünften einzelnen Block ab. Schneiden Sie die Säume glatt und bügeln Sie sie auseinander.

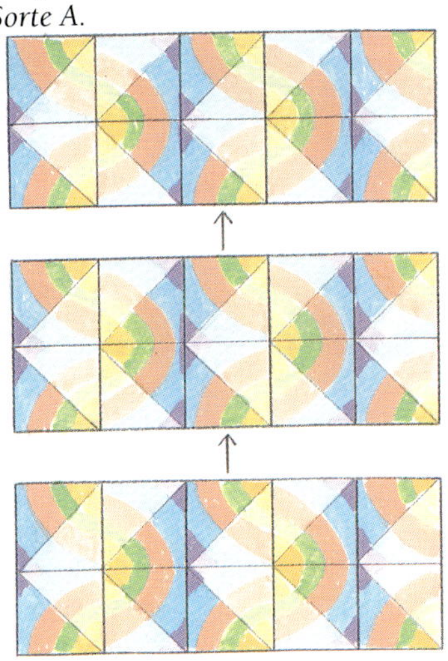

9 Legen Sie die Stoffreihen paarweise zusammen, das Muster läuft wie auf der oberen Zeichnung. Schneiden Sie die Stoffkanten an den Säumen glatt und bügeln Sie sie auf.

Schneiden Sie den türkisen Stoff in 20 cm breite Randstreifen: 2 x je 190 cm lang, 2 x je 220 cm lang. Nähen Sie sie mit diagonal gelegten Ecken (siehe Seite 102/103) an. Bügeln.

10 Markieren Sie mittels Lineal und Seifenspan alle 10 cm eine diagonale Linie.

Legen Sie Vorderstoff, Wattierung und Rückenstoff, wie auf Seite 104 gezeigt, zusammen, stecken Sie alle Schichten aufeinander. Die Stecknadeln laufen dabei in Nahtrichtung, damit sie beim Nähen einfach entfernt werden können.

Die Stepplinien werden mit dem neutralen Faden auf der Oberspule und weißem Baumwollgarn als Unterfaden nachgenäht. Lockern Sie vorher obere und untere Fadenspannung um etwa eine halbe Umdrehung. Probieren Sie die Naht aus, bis die Stiche perfekt aussehen. Vor dem nächsten Arbeitsschritt stellen Sie dann wieder die normale Fadenspannung ein.

Wie Sie die Linien am besten nachnähen, sehen Sie auf Seite 106. Strecken Sie die Kanten und messen Sie nach, bevor Sie die 5 cm breite Einfassung anbringen. Nähen Sie diese nach den Anleitungen von Seite 104/105 an.

Safarituch

Das raffinierte Muster auf diesem Tuch ist einfach aus unterschiedlich kombinierten Segmenten eines bunten Streifenstoffes entstanden. Gestreifte Gewebe erlauben komplizierte Muster, die normalerweise aus sehr vielen sehr kleinen Stoffstreifen einzeln zusammengesetzt werden müßten. Sie können auch Stoffe mit anderer Streifenbreite verwenden oder sogar selber Streifen aufdrucken (siehe Seite 46). Für das Safarituch brauchen Sie wieder einige Übung. Es ist 84 x 120 cm groß.

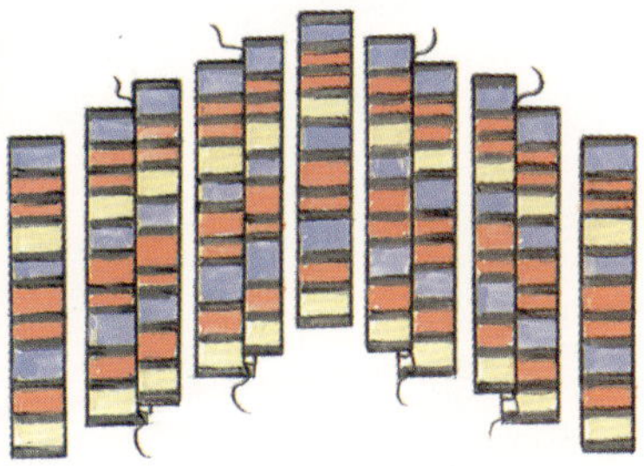

MATERIAL

❖

2 m bunt gestreifter Baumwollstoff, 114 cm breit (die Streifen sollten horizontal verlaufen)

❖

50 cm getupfter oranger Baumwollstoff, 114 cm breit

❖

je 40 cm einfarbiger hellbrauner und rostroter Baumwollstoff, 114 cm breit

❖

114 x 130 cm Baumwollstoff für die Rückseite

❖

90 x 150 cm Füllstoff

❖

je 1 Spule Nähgarn in Schwarz, Hellbraun, Lindgrün und Dunkelrot fürs Nähen und Steppen

❖

Karton

❖

Bleistift

1 Schneiden Sie mit dem Rollschneider ein 30 cm breites längs gestreiftes Stoffstück zurecht (Vorgehen siehe Seite 99). Dieses unterteilen Sie in 22 je 5 cm breite Stücke.

Nehmen Sie einen Streifen und legen Sie die Grundfarbe fest. Legen Sie den zweiten Streifen so an, daß das Muster um ein „Kästchen“ versetzt nach unten geht. Legen Sie alle Streifen auf diese Art aneinander, bis Sie ein dachartiges Muster erhalten. Stecken Sie die Stoffstreifen paarweise aneinander (siehe Seite 100) und nähen Sie sie zusammen. Nähen Sie jetzt jeweils 2 Paare wie es die Anordnung verlangt aneinander. Zum Schluß werden die einzelnen Mittel- und Seitenstücke eingefügt. Wiederholen Sie den Vorgang mit den restlichen 11 Stoffstreifen. Bügeln Sie die Säume auf eine Seite.

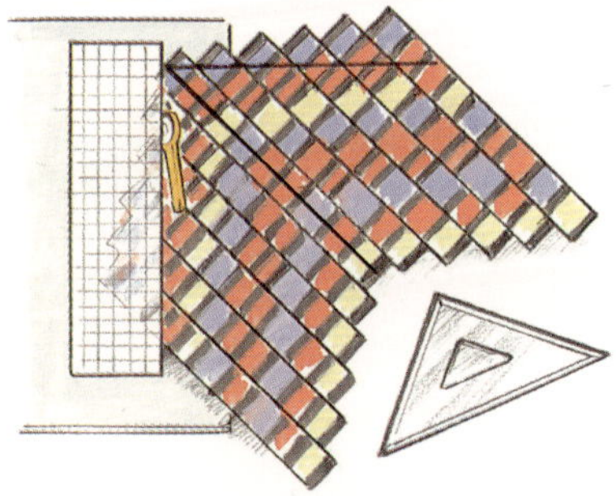

2 Markieren Sie die Mitte des Mittelstreifens mit dem Lineal. Schneiden Sie die Stoffspitze mit Hilfe eines Winkels oder Kästchenrasters im 45-Grad-Winkel an beiden Seiten sauber ab.

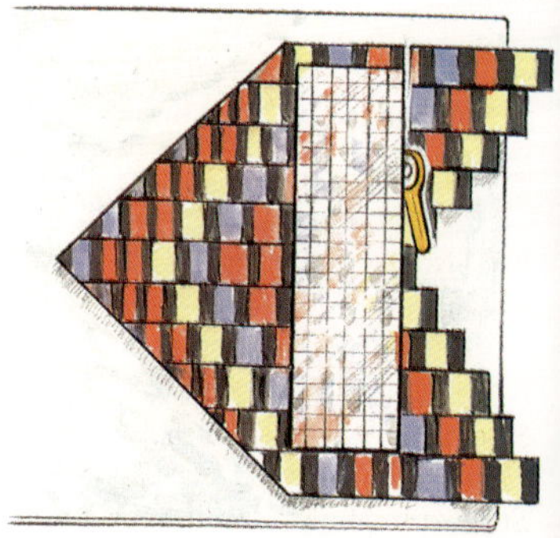

3 Auf der Höhe der obersten Schnittkante schneiden Sie das Stoffteil unten gerade ab. Nähen Sie nun beide „Stoffdächer“ mit der geraden Seite aneinander. Es ergibt sich eine Prismenform. Bügeln Sie den Saum auf der Stoffrückseite auseinander.

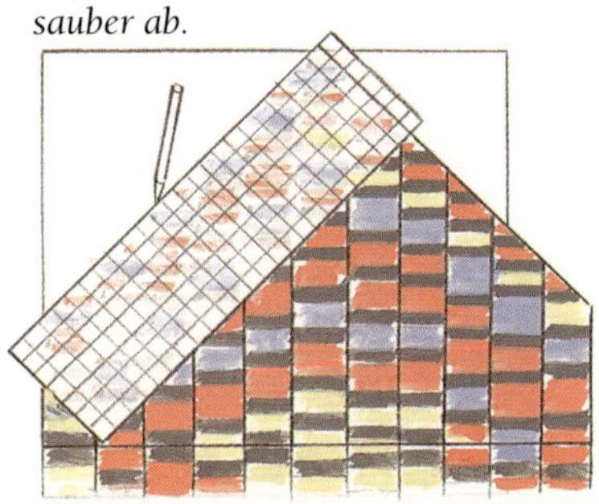

4 Fertigen Sie aus Karton eine Schablone für die seitlichen Dreiecke, indem Sie die Spitze des fertigen Patchworks auf den Karton halten. Schneiden Sie aus dem gemaserten Stoff 8 Dreiecke, an allen Seiten Saum zugeben. Nähen Sie 4 davon als Ecken an die Prismenform.

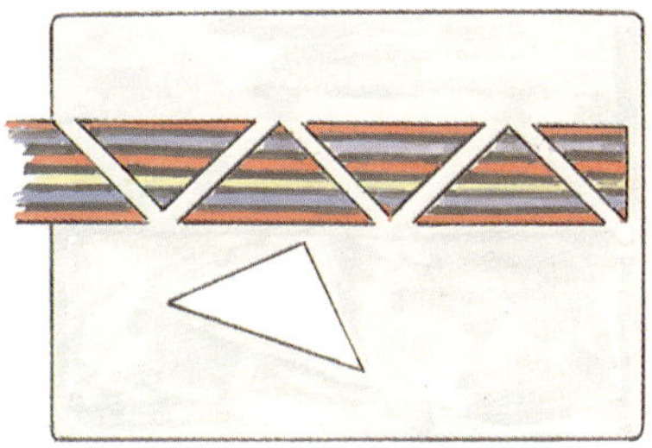

5 Schneiden Sie eine weitere Bahn vom Streifenstoff ab, passed für die in Schritt 3 gefertigten Dreieckschablonen. Schneiden Sie wie oben gezeigt 4 längsgestreifte Dreiecke zurecht. Berechnen Sie rundum einen Saum ein.

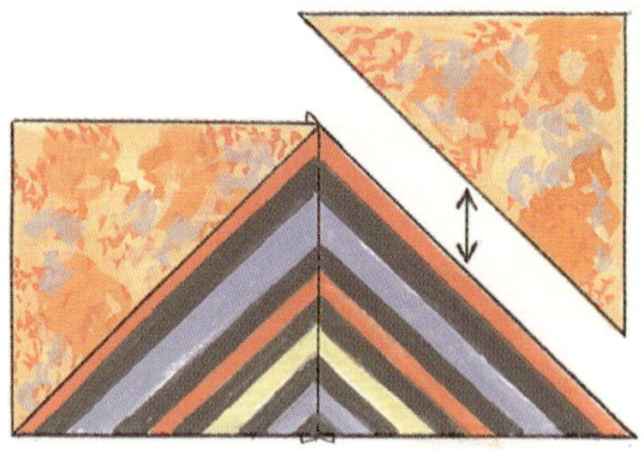

6 Nähen Sie je 2 gestreifte Dreiecke zusammen. Dazu kommt an beiden Diagonalen je ein meliertes Dreieck. Die langen Seiten der unterschiedlichen Dreieckpaare liegen also jeweils zusammen.

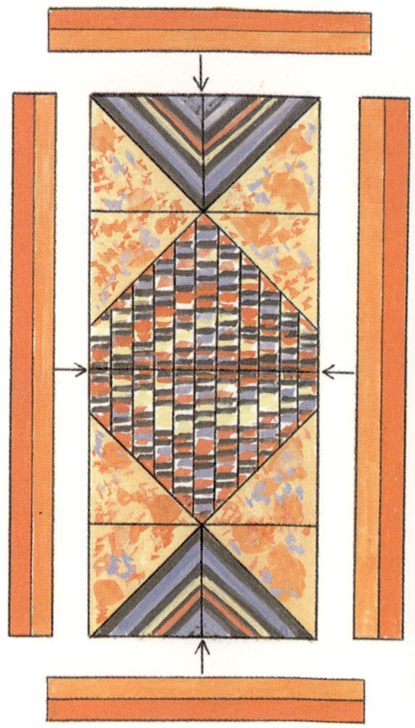

7 Schneiden Sie aus den einfarbigen Stoffen je 4 Streifen von je 5 cm Breite für die Seiten zurecht. Nähen Sie sie zu je 8,5 cm breiten Doppelstreifen zusammen und bügeln Sie diese.

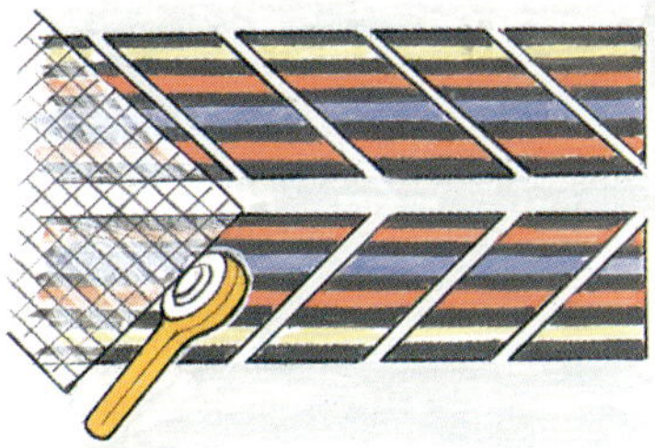

8 Messen und schneiden Sie 2 Streifen von je 5,5 cm Breite aus dem Streifenstoff zurecht. Mit Hilfe eines Winkels oder Rasters schneiden Sie sie in 36 je 10 cm breite diagonale Segmente – 18 laufen nach rechts, 18 nach links. Stecken und nähen Sie sie mit abwechselnder Laufrichtung zusammen, so daß sich 2 Streifen mit Zickzackmuster aus je 18 Stoffsegmenten ergeben.

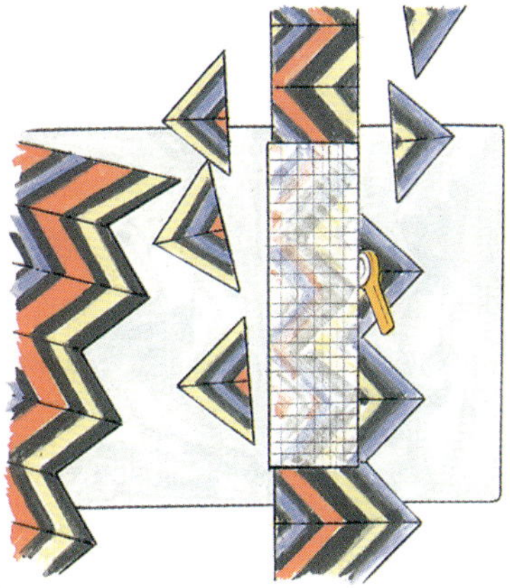

9 Schneiden Sie die Ecken an den Rändern ab. Die fertigen Streifen sollten etwa 15 cm breit sein. Legen Sie die Streifen an die Decke. Stecken Sie diese – Oberseiten aufeinander – fest und nähen Sie sie aufeinander. Schneiden Sie 2 jeweils 5 cm breite Stoffstreifen für die Ober- und Unterkante aus. Annähen und gut bügeln.
Schneiden Sie Rückenstoff und Füllstoff zurecht, stecken Sie alles aufeinander und steppen Sie die Lagen mit der Maschine zusammen. Für die Einfassungen schneiden Sie 4 cm breite Stoffstreifen aus dem einfarbigen Stoff zurecht (siehe Seite 104/105).

Viele Fliegen

Dieses witzige Bild ist ausschließlich aus alten Krawatten und Hemden hergestellt. Sogar die Knöpfe wurden „recycled". Freunde und Bekannte werden Sie beim Sammeln der 64 alten Krawatten und Hemden sicher großzügig unterstützen. Wählen Sie gelbe, rote, blaue, und bläuliche Farbtöne und passende Hemden. Durch die raffiniert-einfache Faltmethode steht die Schlaufe bei den „Fliegen" etwas hoch. Die Segmente aus dem Hemdenstoff werden mit der Maschine in Mäanderlinien gequiltet – und zwar fortlaufend von einem Stoffstück zum anderen. Nähen Sie erst die kleinen Blocks, die Sie dann zu dem großen Bild verbinden. Das Ganze ist sehr schnell hergestellt und mißt 160,5 cm im Quadrat.

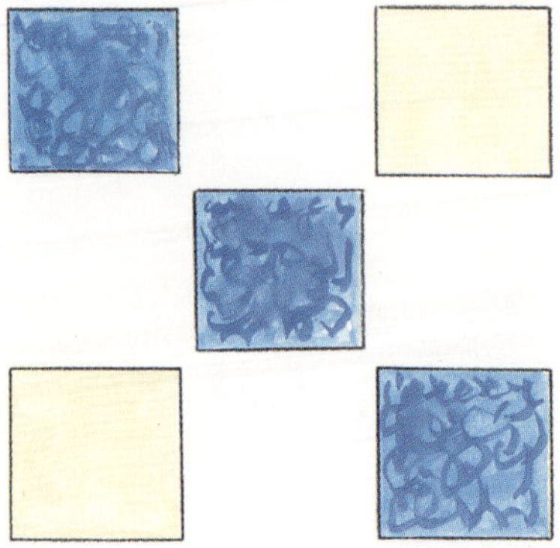

2 Zu jeder Dreiergruppe von Krawatten-Vierecken legen Sie 2 Hemden-Vierecke. Aus diesen 5 Teilen entsteht jeweils ein größerer Stoffblock mit einer vollständigen „Fliege".

MATERIAL

64 alte Krawatten von ähnlicher Stoffqualität, mit einem milden Waschmittel bei mittlerer Temperatur in der Maschine gewaschen

4 m sehr weiche, dünne Vlieseline

mehrere alte Baumwollhemden oder Baumwollstoff von ähnlicher Qualität

70 cm dunkelblauer Stoff für die Umrandung

Wattierung, 1,6 m im Quadrat

je 1 Rolle schwarzes und zum Stoff passendes Baumwollnähgarn zum Nähen

2 Rollen Nylongarn zum Steppen

60 Hemdenknöpfe

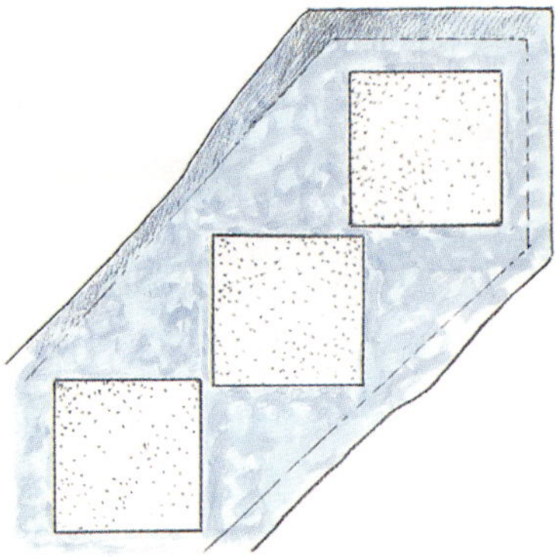

1 Schneiden Sie mit dem Rollschneider (siehe Seite 99) 196 Quadrate mit 9,5 cm Seitenlänge und 64 Streifen mit 9,5 x 28,5 cm Größe aus der Vlieseline. Die Teile dienen zum Verstärken der Stoffe. Nehmen Sie die Krawatten an den Nähten auseinander und bügeln Sie sie (siehe Seite 100/101).

Bügeln Sie auf jede Krawattenrückseite 3 Vlieseline-Quadrate. Die Kanten sollten genau dem Fadenlauf folgen. Bügeln Sie die Streifen auf die Rückseiten des Hemdenstoffes. Mit Hilfe des Rollschneiders und eines Lineals schneiden Sie je 3 Vierecke aus dem Krawattenstoff (Kanten dabei nochmals nachmessen, da sie sich durch das Bügeln leicht verziehen können) und 3 je 9,5 cm große Quadrate aus dem verstärkten Hemdenstoff.

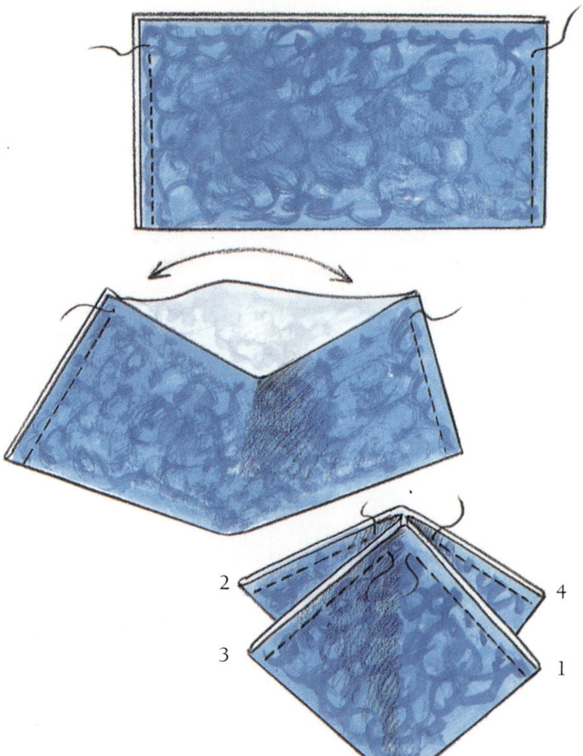

3 Falten Sie das mittlere Krawatten-Viereck jeder Gruppe zur Hälfte und nähen Sie die Seiten mit einem knapp 8 mm breiten Saum zu. Die Nähte enden knapp 8 mm unterhalb der Schnittkanten. Legen Sie den Stoff an den Doppelecken zusammen und nähen Sie die beiden offenen Stofflagen mit einem knapp 8 mm breiten Saum zusammen. Auch diesmal endet er knapp 8 mm unterhalb der Schnittkante. Dieser „Beutel" wird das Mittelteil der „Fliegen".

Viele Fliegen

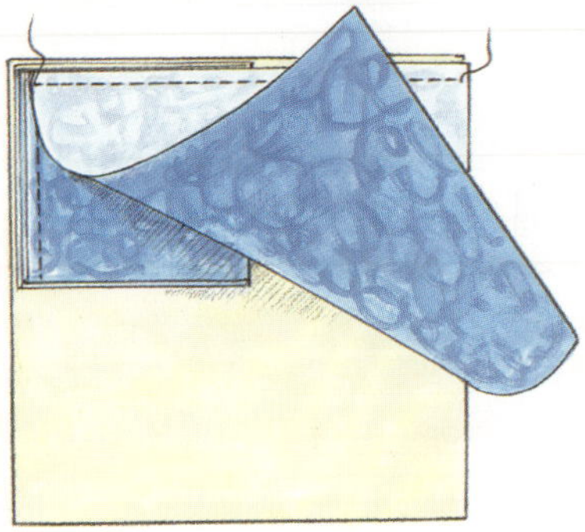

4 Nähen Sie wie hier gezeigt ein Hemden-Quadrat, ein Mittelteil und ein Krawatten-Quadrat mit den rechten Seiten aufeinander (Saum 1). Beginnen Sie die Naht wieder erst knapp 8 mm hinter der Schnittkante. Der Saum selber wird ebenfalls wieder knapp 8 mm breit.

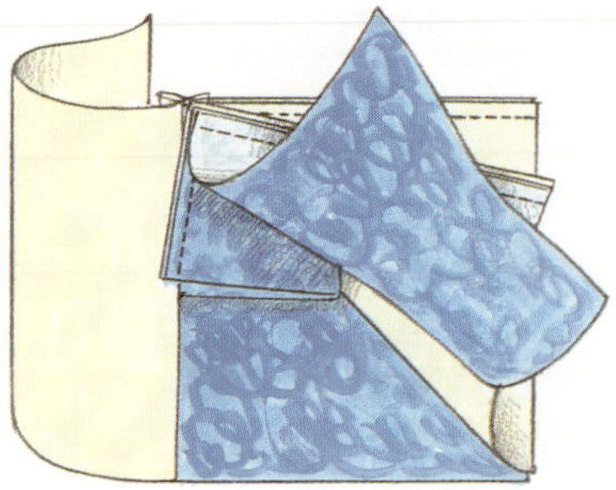

5 Falten Sie den Stoff auf und nähen Sie Saum 2 zwischen den noch nicht genähten rechten Winkel des Krawatten-Quadrates von Schritt 4 und das zweite Hemden-Quadrat. Wieder auffalten. Legen Sie das zweite Krawatten-Quadrat an und nähen Sie mit Saum 3 das zuletzt genähte Hemden-Quadrat an die freie Kante.

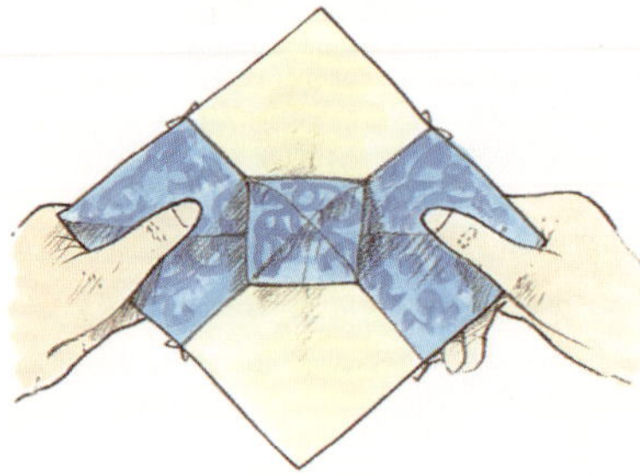

6 Nähen Sie nun auch Saum 4 und ziehen Sie den Stoff auseinander – Sie haben jetzt eine „Fliege“ vor sich!

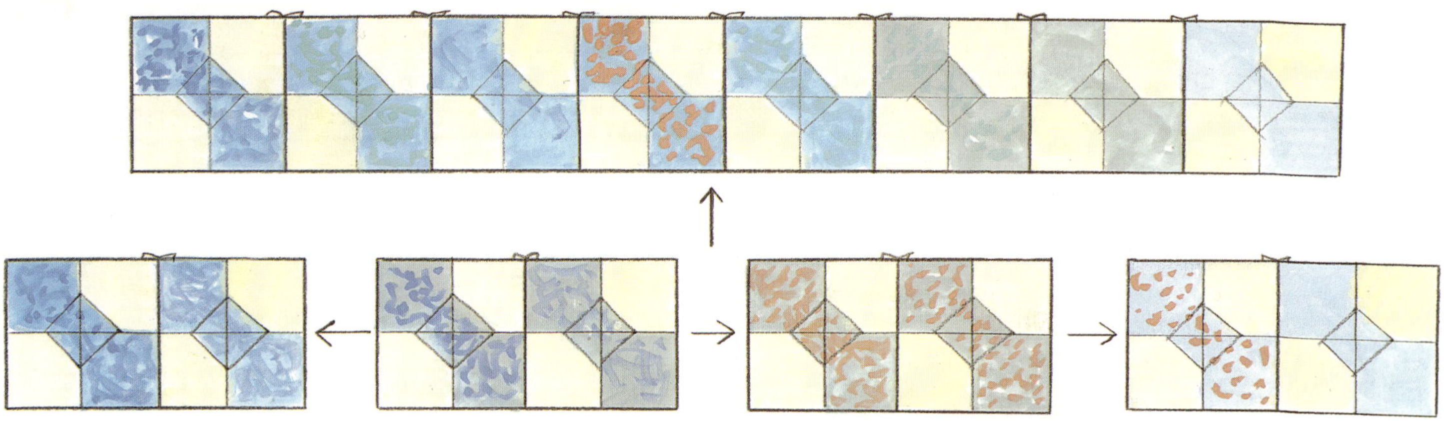

7 Arrangieren Sie die Blocks in 8 Reihen von je 8 Stoffstücken, so daß die Farben diagonal durch das ganze Bild gleichmäßig ineinander übergehen.
Der Musterquilt beginnt oben links mit gelblichen Tönen, wandert dann nach Orange, Rosa, Blau und Türkis und endet in der rechten oberen Ecke mit Grün. Die Anordnung hängt von Ihrer Auswahl an Krawatten ab. Nähen Sie die Blocks zunächst zu Paaren zusammen, dann in Reihen, und schließlich die Reihen zu dem gesamten Quilt.

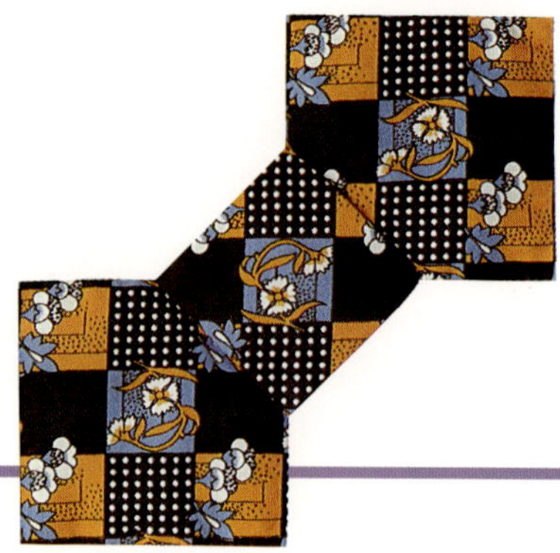

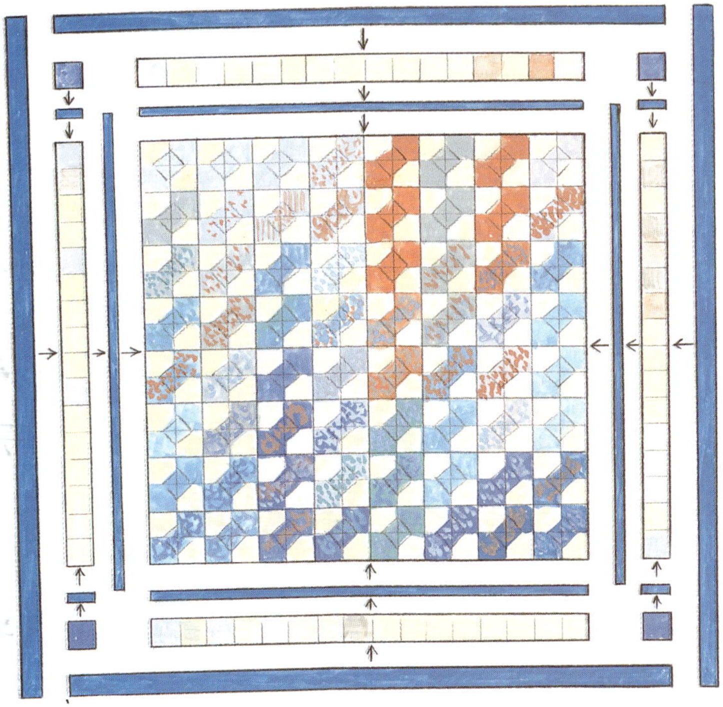

8 Für die Umrahmung messen Sie Länge und Breite des Patchworkmusters nach. Die Seiten sollten 129,5 cm lang sein. Nähen Sie die restlichen Hemden-Quadrate in 4 Streifen mit je 16 Kästchen zusammen.

Mit dem Rollschneider schneiden Sie aus dem blauen Stoff 8 Streifen von je 4 cm Breite: Länge 2 x je 129,5 cm, 2 x je 150,5 cm, 4 x 9,5 cm. Dazu kommen 4 je 6,5 cm breite Streifen: Länge 2 x je 150,5 cm, 2 x je 160,5 cm. Dann brauchen Sie noch 4 kleine Stoffquadrate für die Ecken aus Krawattenstoff, mit den restlichen 4 Vlieseline-Stücken unterlegt.

Nähen Sie die beiden schmaleren blauen Streifen (4 x 129,5 cm) an 2 der Hemden-Streifen. Diese wiederum werden mit der blauen Kante anschließend an die Patchworkdecke genäht.

Nähen Sie an die 2 übrigen Hemdenstreifen an jede Schmalseite je einen kurzen blauen Streifen und daran anschließend eines der einzelnen Krawatten-Quadrate. An diese Streifen kommen nun längs die 4 x 150,5 cm großen blauen Streifen. Befestigen Sie das Ganze an Ober- und Unterkante der Decke. Der blaue Streifen liegt dabei innen.

Nähen Sie die beiden 6,5 x 150,5 cm großen Streifen an die Seiten und die restlichen beiden Streifen oben und unten an die Decke.

Legen Sie nun Vorderstoff, Füllung und Unterstoff nach den Anleitungen von Seite 104 aufeinander. Nach der Anweisung von Seite 106 steppen Sie die einfarbigen Flächen mit kleinen mäanderartigen Linien. Setzen Sie die Maschine zwischen den einzelnen Feldern nicht ab, sondern nähen Sie durch. Wenn der Quilt fertig ist, wird er noch zusätzlich mit Hemdenknöpfen verziert: einfach auf die Nähte zwischen den einfachen Quadraten rund um den Randstreifen nähen.

Zum Einsäumen schneiden Sie schließlich 4 je 3 x 161 cm breite Stoffstreifen, die Sie nach den Anweisungen von Seite 104/105 an den Kanten anbringen. Die Säume werden nach hinten eingeschlagen und sauber vernäht.

Schräge Töne

Die schwarz-weißen Stoffe ergeben zusammengesetzt ein ungewöhnliches Muster mit eigenem Rhythmus. Die Anordnung der Muster scheint sehr kompliziert, zumal zusätzlich auch noch bunte Stoffkästchen eingebaut sind: Doch diese sind aus einfachen Streifen zusammengesetzt und schnell gearbeitet. Die unterschiedlich gemusterten Hintergrundstoffe erscheinen heller oder dunkler – je nach Musterung. Dadurch ergibt sich fast der optische Eindruck einer Bewegung.
Im hier gezeigten Quilt wurden 8 Farben für die bunten Kästchen verwendet, 4 würden aber auch reichen. Schwarz-weiße Muster finden Sie bei Kleider- wie Möbelstoffen. Lesen Sie die Anleitungen auf Seite 100 für exakte Säume. Der fertige Quilt ist 130 x 230 cm groß.

MATERIAL

✥

16 Stoffstreifen von je 6,5 x 114 cm Größe in 8 Farbtönen (4 Farben in je einer helleren und dunkleren Schattierung)

✥

30 cm Baumwollstoff mit weißen Sternen auf schwarzem Grund, 114 cm breit

✥

25 cm Baumwollstoff, schwarz-weiß gestreift, 114 cm breit

✥

3 x je 25 cm Baumwollstoff in verschiedenen schwarzen Mustern auf weißem Grund, 114 cm breit

✥

7 x je 25 cm Baumwollstoff mit schwarz-weißem Muster, 114 cm breit

✥

2,5 m schwarzer Baumwollstoff für den Rahmen, 114 cm breit

✥

2,5 cm schwarzer Baumwollstoff für den Rücken, 152 cm breit

✥

152 x 250 cm mittelstarke Wattierung

✥

Sticktwist in verschiedenen Farben für die Knötchen

✥

1 Rolle beiges Baumwollnähgarn zum Nähen der bunten Stoffe

✥

1 Rolle schwarzes Baumwollnähgarn zum Steppen

1 *Für die 16teiligen bunten Blocks schneiden Sie mit dem Rollschneider (siehe Seite 99) 24 Streifen mit je 6,5 cm Breite aus den 8 einfarbigen Stoffen zurecht. Legen Sie sie zu 6 Gruppen aus je 4 Streifen zurecht. Nähen Sie sie mit der Maschine zusammen (Methode siehe Seite 100).*

2 *Mit Hilfe des Rollschneiders und Lineals (siehe Seite 99) messen und schneiden Sie 8 je 6,5 cm breite Kästchen-Streifen aus den Stoffbahnen zurecht. Insgesamt erhalten Sie 48 Streifen. Legen Sie die Kästchen-Streifen zu quadratischen, bunt gewürfelten Blocks zusammen und bügeln Sie sie. Die Säume werden auseinandergebügelt (siehe Seite 100). Die Farbanordnungen sollen gleichmäßig verteilt sein.*

3 *Die Streifen werden zu 12 großen gewürfelten Blocks zusammengenäht – zunächst in Paaren, dann in größeren Einheiten, bis alle Streifen verbraucht sind.*

4 *Schneiden Sie die schwarz gemusterten, weißen Stoffe in 16 je 11,5 x 21, 5 cm große Quadrate. Legen Sie sie abwechselnd mit den bunten Kästchenstoffen zu Reihen zusammen (eine Reihe besteht aus 7 Stoffstücken).*

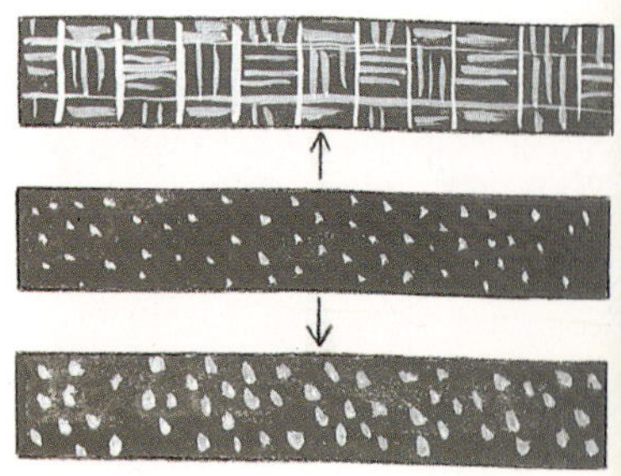

5 *Schneiden Sie die gestreiften Stoffe in 11,5 x 16,5 cm große Stücke. Wählen Sie 3 Stoffmuster und schneiden Sie 3 Streifen von je 6,5 cm Breite zurecht. Diese werden verbunden und gut gebügelt.*

Schräge Töne

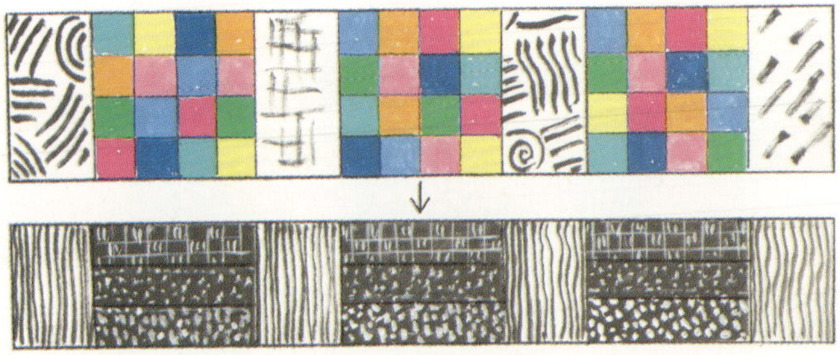

6 Schneiden Sie 12 je 21,5 cm lange Stücke aus den Streifen und nähen Sie sie zwischen die streifig zusammengestellten Musterstoffe – wie oben in der Zeichnung. Fertigen Sie 4 solche schwarz-weiße Stoffbahnen. Sie passen genau an die bunten Stoffbahnen und werden mit diesen nun jeweils paarweise zusammengenäht.

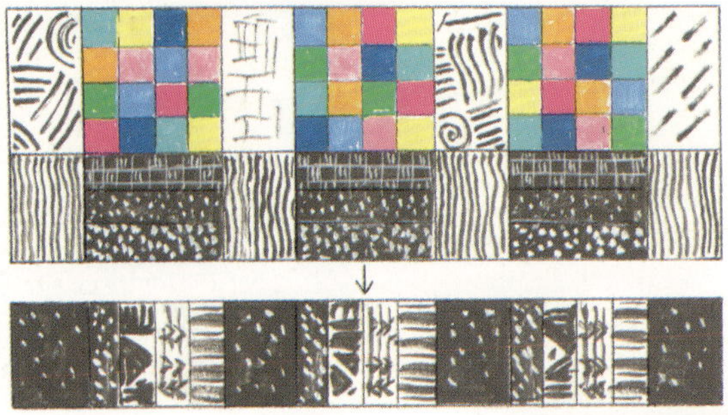

8 Verbinden Sie sie zu 4 Streifen. Die Stoffbahnen mit der Unterkante der schwarz-weißen Stoffbahnen vom vorherigen Schritt zusammennähen. Sie haben nun 4 aus je 3 Streifen zusammengesetzte breite Stoffbahnen von je 51,5 x 101, 5 cm Größe.

7 Schneiden Sie 2 je 6,5 cm breite Streifen aus den 4 restlichen schwarz-weißen Stoffen und 16 je 11,5 x 16,5 cm große Stücke aus dem Stoff mit Sternchenmuster. Arrangieren Sie sie so, daß die Farbe von Dunkel nach Hell verläuft. Bügeln Sie die Bahnen und schneiden Sie sie in 12 je 16,5 cm breite Streifen.

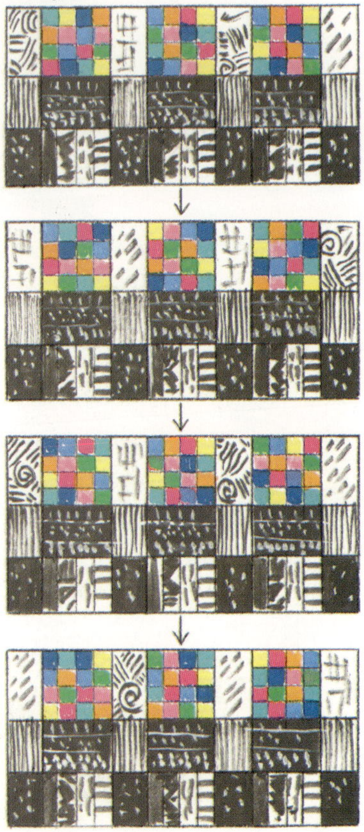

9 Nähen Sie alle Patchwork-Bahnen wie im Diagramm oben zusammen und bügeln Sie sie gut.

Schneiden Sie aus dem schwarzen Stoff 4 je 16,5 cm breite Streifen: 2 x je 132,5 cm lang und 2 x je 201,5 cm lang. Nähen Sie sie – zuerst die Seiten, dann die Ober- und Unterkante – an den Stoff, wie auf Seite 102/103 gezeigt. Legen Sie Rückenstoff, Füllung und Vorderstoff wie auf Seite 104/105 beschrieben aufeinander. Feststecken.

Statt durch Steppen werden die Lagen mit einfachen dekorativen Knoten (siehe Seite 107) zusammengehalten. Verwenden Sie zum Durchziehen des Stickgarns eine Sticknadel mit großem Öhr. Die Knoten sind gleichmäßig verteilt. Die Fadenenden werden etwa 2,5 cm lang abgeschnitten.

Legen Sie den Quilt aus und stecken Sie ihn mit Nadeln horizontal an der Saumkante zusammen, wo das Patchwork in den Rahmen übergeht. Steppen Sie diese Naht mit der Maschine nach, so daß sie fast in der Rille verschwindet.

Stecken Sie die 3 Schichten des Randes zusammen, markieren Sie 2 parallele etwa 5 cm auseinander liegende Stepplinien – mit Lineal und Seifenspan. Orientieren Sie sich beim Nähen an dem Nähmaschinenfuß. Schneiden Sie die Stoffkanten mit Hilfe des Lineals und des Rollschneiders auf einer Schneidematte gerade ab (siehe Seite 102).

Fassen Sie die Seiten und schließlich Ober- und Unterkante mit einem schmalen Stoffstreifen ein (siehe Seite 104/105). Die Säume werden auf der Rückseite sauber vernäht.

Techniken

Auf den folgenden Seiten finden Sie einzelne Arbeitsschritte, die beim Quilten immer wieder vorkommen, nochmals systematisch zusammengestellt. Die Darstellung ist umfassend, aber auch für Anfänger leicht nachvollziehbar; das Erlernen macht Ihnen sicher Spaß! Auch erfahrene Quilter finden hier noch neue Kniffe.
Die Arbeit geht mit reinem Baumwollstoff am einfachsten von der Hand, und die fertigen Stücke werden am ansprechendsten. Die Saumzugaben von knapp 8 mm (in den englischsprachigen Traditionsmustern ist meist von 7,5 mm die Rede) sind in den Maßen bereits enthalten, wenn nicht anders angegeben.

MUSTER VERGRÖSSERN

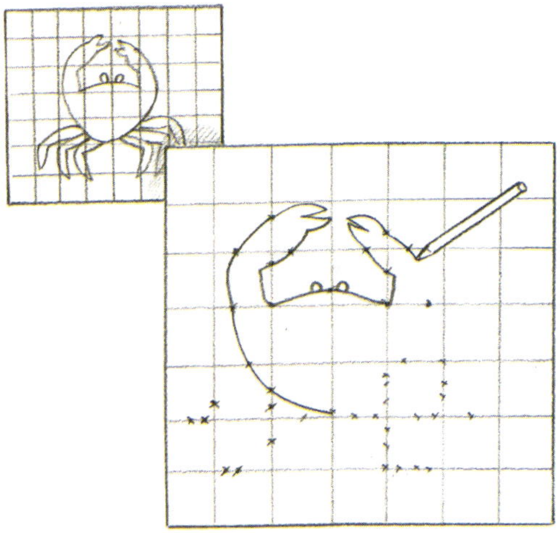

Das Vergrößern von Vorlagen mit der Hand ist kein Problem. Zeichnen Sie den Rahmen des Musters in der gewünschten endgültigen Größe auf ein Blatt Papier. Teilen Sie das Blatt – in der Mitte beginnend – in gleich große Kästchen mit einer Seitenlänge von etwa 8 cm. Legen Sie Pauspapier über das im Buch abgebildete zu vergrößernde Muster. Teilen Sie das Papier in die gleiche Anzahl von Linien bzw. Kästchen wie die Vergrößerung (die natürlich kleiner werden). Übertragen Sie nun Kästchen für Kästchen die Musterumrisse von der kleinen Pauspapier-Vorlage auf das größere Rasterpapier. Vergessen Sie auch nicht die Hilfslinien, Pfeile für den Fadenlauf etc. Bedrucktes Schnittmusterpapier oder Pauspapier ist in mehreren Rastergrößen erhältlich. Doch Sie können auch einfach große Papierbogen selbst mit einem Raster ausstatten.

SCHABLONEN HERSTELLEN

Schneiden Sie Schablonen mit einer Schere oder einem Cutter aus dünnem Karton oder spezieller Schablonierfolie. Sie sollten mit einer Linie markiert werden, die den Fadenlauf anzeigt, und mit wasserfestem Stift numeriert sein. Mit einem auf der Rückseite angebrachten Stück doppelseitigem Klebeband können sie leicht am Stoff befestigt werden. Lassen Sie sie aber niemals stundenlang kleben, da das Klebeband sich dann nur noch schwer entfernen läßt.
Wenn Sie die Teile mehrmals verwenden wollen, beschriften Sie sie vor dem Wegpacken in Plastiktüten. Markieren Sie außerdem mit einem bunten Klebepunkt die Oberseite der Schablone, damit es beim Zuschnitt des Stoffes nicht zu Verwechslungen kommt.

SCHABLONEN ÜBERTRAGEN

Zum Übertragen der Umrisse von Schablonen wird stets ein sehr feiner Bleistift verwendet. Halten Sie die Spitze gerade und fahren Sie genau an der Schablonenkante entlang, ohne daß der Stoff verrutscht. Es gibt auch spezielle Textilstifte, die sich leicht auswaschen lassen (besonders für hellere Stoffe), während silbrige Bleistifte sich von dunklen Untergründen gut abheben. Wenn Sie feines Glaspapier aus dem Heimwerkermarkt unter den Karton kleben, verrutscht der Stoff (einschließlich Seide) nicht so.

STICHE

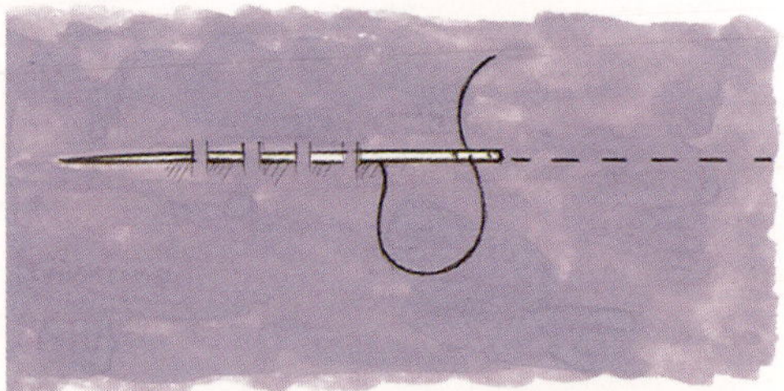

Einfacher Heftstich Heftstiche werden von rechts nach links mit einer spitzen Nähnadel ausgeführt. Der Anfang der Naht ist durch einen Doppelstich oder einen Knoten gesichert. Stechen Sie jeweils 2-3 gleich lange Stiche auf einmal, bevor Sie den Faden durchziehen.

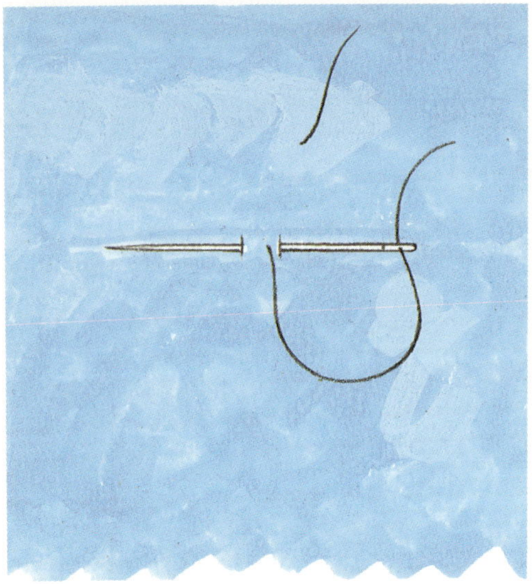

Steppstich Zum Steppen eines Quilts verwenden Sie eine kräftige Nähnadel und starken Baumwoll- oder Baumwoll-Polyester-Zwirn, eventuell Maschinenstickgarn oder speziellen Quiltfaden (er ist mit Wachs überzogen, damit sich beim Nähen keine Schlingen bilden). Rauhe Fäden gleiten besser durch den Stoff, wenn sie vor dem Nähen über ein Stück Bienenwachs gezogen werden. Ausgeführt wird der Steppstich wie ein Heftstich.

1 Schneiden Sie ein etwa 40 cm langes Stück Zwirn ab, machen Sie am Ende einen Knoten. Stechen Sie die Nadel etwa 2,5 cm von der Nahtlinie entfernt in den Stoff. Anziehen, so daß sich der Knoten in der Wattierung verankert. Machen Sie einen kleinen Rückstich und arbeiten Sie die folgenden Stiche nach Belieben einzeln oder zu mehreren. Dabei bitte auf jeden Fall immer durch alle 3 Schichten stechen! Ziehen Sie den Faden immer wieder an, damit er sich nicht verdrillt.

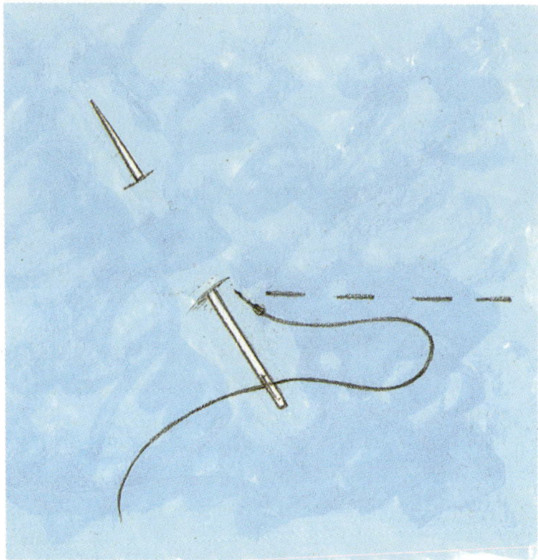

2 Etwa 8 cm vom Fadenende entfernt machen Sie wieder einen Knoten und ziehen ihn vorsichtig mit dem letzten Stich durch den Stoff. Der Knoten verschwindet. Nähen Sie danach einen kleinen Rückstich und ziehen Sie das Fadenende etwa 5 cm weit durch die Füllung, bevor Sie wieder an die Oberseite stechen und das Fadenende abschneiden.

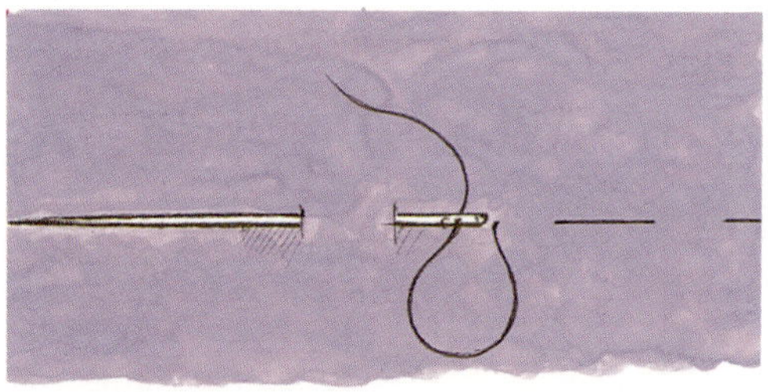

Vorheften Hilfsnähte, die später wieder entfernt werden, werden in langen Stichen mit Heftgarn ausgeführt. Dies ist ein besonders weiches Baumwollgarn, das beim Ausziehen leicht reißt und weder Löcher noch Falten im Stoff hinterläßt.

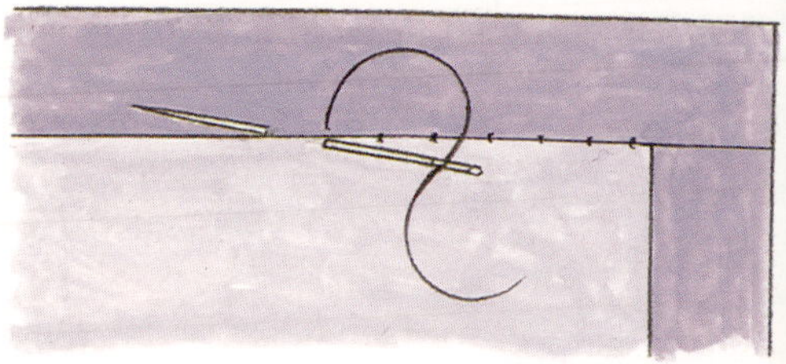

Saumstich Die Nähte an Säumen sollten nur in Form von kleinen punktartigen Stichen sichtbar sein. Die Naht wird von rechts nach links gearbeitet und verbindet die äußerste Saumkante mit dem Untergrund. Oberer und unterer Einstich liegen genau übereinander. Die Nadel wird unterhalb der Stofflagen weitergeführt.

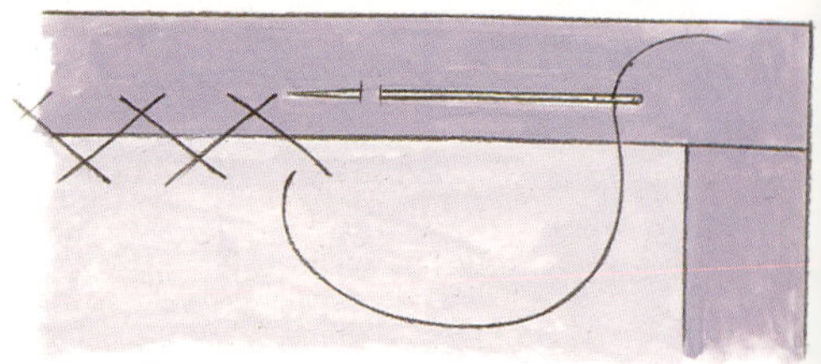

Hexenstich Die Naht läuft diesmal von links nach rechts, wobei die einzelnen Einstiche aber von rechts nach links geführt werden, wie auf der Zeichnung oben. Solche Nähte sind leicht elastisch

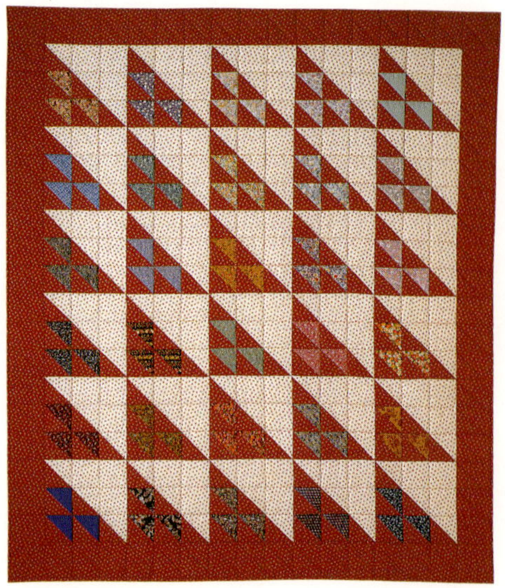

SCHNEIDEN MIT DEM ROLLSCHNEIDER

Einige grundsätzliche Regeln sollten Sie beim Umgang mit dem Rollschneider beachten, damit das Schneiden sauber und sicher vonstatten geht. Führen Sie die Schnitte immer zu Ihrem Körper hin aus. Die runde Schneide ist sehr scharf und wird nach dem Schneiden stets gesichert. Legen Sie andere Stoffe außer Reichweite, damit sie nicht versehentlich mit in den Schnitt geraten. Fahren Sie mit der Klinge nicht über im Stoff haftende Stecknadeln, da sie die Klinge schwer beschädigen. Verwenden Sie nur eine spezielle Schneidematte, die die Klinge nicht stumpf werden läßt.
Vor dem Schneiden sollten Sie sich genau vergegenwärtigen, aus wieviel Komponenten sich jeder Block zusammensetzt. Kleben Sie jeweils einen kleinen Schnipsel des dazugehörigen Stoffes auf jede Schablonennummer oder auf die Vorlage, damit keine Fehler passieren.

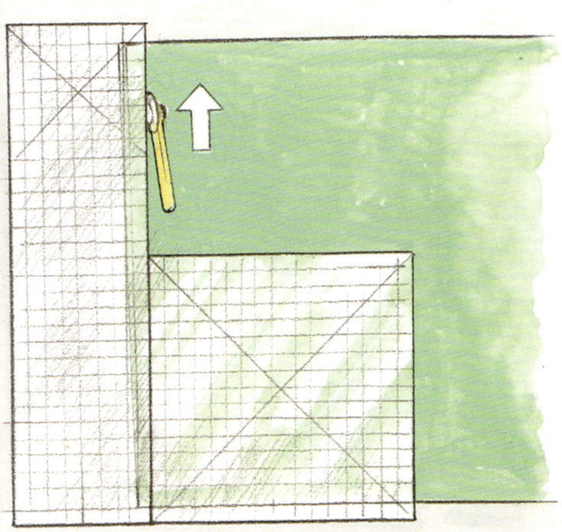

Stoffkanten strecken Der Fadenlauf muß beim Schneiden genau mit der Schnittkante übereinstimmen. Schneiden Sie eine Stoffkante entweder genau zwischen 2 Fadenläufen auseinander oder markieren Sie die Linie mit einer Heftnaht. Schneiden Sie die Webkanten ebenfalls gerade ab. Sie sind fester gewebt als der restliche Stoff und ziehen leicht Falten. Ziehen Sie den leicht angefeuchteten Stoff diagonal auseinander, bis der erste Schnitt und der Schnitt entlang der Webkante einen rechten Winkel bilden. Zu zweit gelingt dieser Arbeitsschritt leichter. Legen Sie den Stoff doppelt oder vierfach zusammen, bevor Sie mit Rasterfolie oder Winkel nachprüfen, ob er gerade ist.

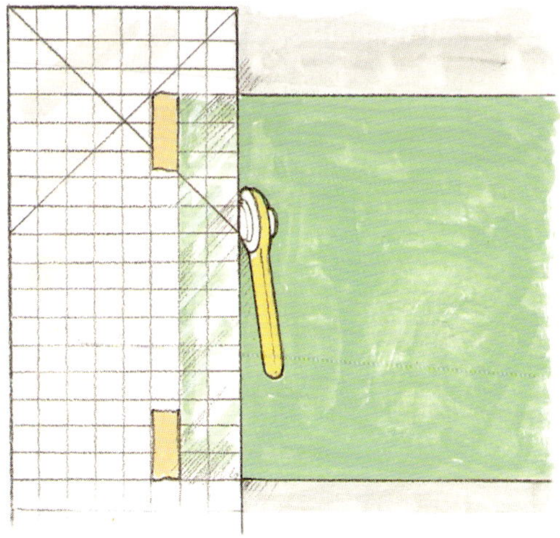

Streifen schneiden Die Größenangaben in diesem Buch enthalten meist bereits eine Saumzugabe von knapp 8 mm. Markieren Sie mit Klebeband links (wenn Sie Linkshänder sind rechts) von der benötigten Linie auf der Rasterfolie die gewünschte Streifenbreite, wenn Sie viele gleich breite Stoffstreifen benötigen.
Vor dem Schneiden passen Sie die linke und obere Stoffkante genau in das Raster der Folie ein. Auf diese Art werden die Streifen ganz gleichmäßig. Rechtshänder arbeiten immer mit dem Stoff auf der rechten und der Rasterfolie auf der linken Seite, Linkshänder umgekehrt.
Zum Schneiden prüfen Sie nochmals die Lage des Stoffes: Die linke Stoffkante muß auf ganzer Länge mit dem Längsraster der Folie in der gewünschten Breite übereinstimmen. Drücken Sie die Rasterfolie fest auf, damit sie nicht verrutscht. Halten Sie dabei die Hand von der Schnittlinie weg!
Rollen Sie die Klinge nun mit gutem Druck senkrecht an der Folienkante entlang. Statt sehr stark zu drücken, können Sie auch zweimal mit sanfterem Druck auf der Linie entlang fahren. Bei sehr langen Schnitten rücken Sie mit der freien Hand auf der Folie immer wieder hinter der Schnittlinie her, so daß die Folie fest angedrückt bleibt. Achten Sie darauf, daß der Stoff beim Schneiden nicht verrutscht.

Vierecke schneiden Legen Sie 2 bis 4 Stoffstreifen genau mit den Kanten abschließend aufeinander. Die Unterkante des Stoffes kommt genau auf einer horizontalen Rasterlinie zu liegen. Die linke (rechte) Stoffkante ist exakt auf die gewünschte Breite eingerückt. Schneiden Sie entlang der Kante der Rasterfolie.

Dreiecke schneiden Legen Sie die Stoffquadrate, wie oben zu sehen, diagonal in die vorgesehene Rasterung unter die Folie. Die Diagonallinie endet genau in der oberen Spitze des Quadrates. Arbeiten Sie wenn möglich an einer Ecke des Tisches, damit Sie beim Schneiden mehr Bewegungsfreiheit haben. Falls das nicht möglich ist, drehen Sie die Matte mitsamt dem Stoff (nicht den Stoff allein!).

Techniken

SÄUME STECKEN

Ob Sie die Stecknadeln längs oder quer zur Naht anbringen, ist weitgehend Geschmackssache. Bei geschwungenen Linien sind horizontal eingesteckte Nadeln aber meist einfacher zu handhaben.

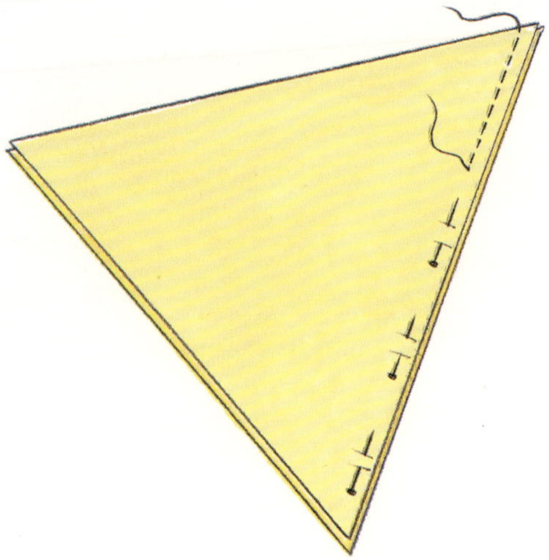

1 Längs angebrachte Stecknadeln werden kurz bevor die Nähmaschine die entsprechende Stelle erreicht, aus dem Stoff gezogen.

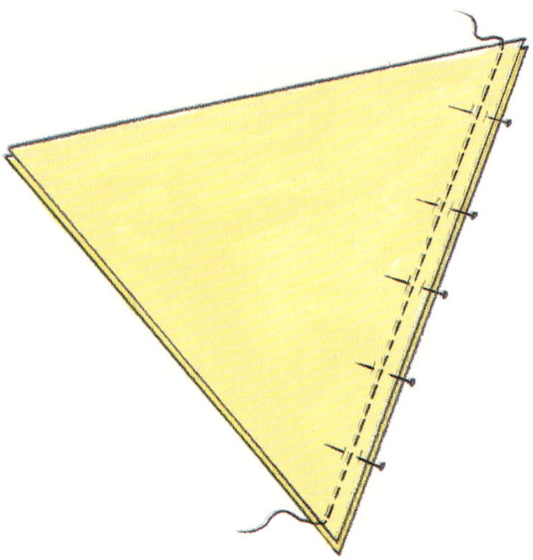

2 Über quer zur Naht angebrachte Stecknadeln können Sie hinwegnähen. Hin und wieder leidet allerdings die Nähmaschinennadel darunter.

NÄHEN MEHRERER STÜCKE

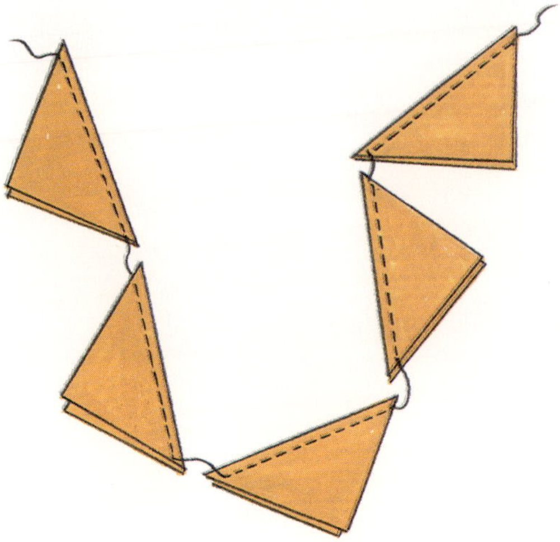

Wenn Sie mehrere Flicken direkt hintereinander weg nähen, sparen Sie beim Vorbereiten viel Zeit und Nähgarn. Geübte Quilter stecken die Nähte nicht vor und riskieren lieber, sie gelegentlich auftrennen und korrigieren zu müssen. Legen Sie die zu verbindenden Flicken in 2 getrennten Stapeln gut geordnet zurecht: alle in derselben Richtung und mit der Stoffoberseite nach oben. So müssen Sie nur mit stets demselben Handgriff den obersten linken über den obersten rechten Flicken legen, und schon können Sie losnähen. Zwischen den Flickenpaaren machen Sie nur ein paar einzelne Leerstiche, bevor Sie ohne den Faden abzuschneiden weiternähen. Wenn alle Nähte fertig sind und der akkurate Verlauf nochmals nachgeprüft ist, schneiden Sie die Zwischenfäden weg und bügeln den Stoff.

BÜGELN

Beim Quilten ist eine ganz spezielle Bügeltechnik erforderlich. Oft verzieht sich der Stoff beim normalen Bügeln ungewollt. Statt dessen soll er aber durch sanften Druck dazu gebracht werden, seine Form noch besser zu halten. Moderne Dampfbügeleisen sind ideal zum Glätten. Meist werden beide Saumhälften zur dunkleren Stoffseite hin umgeklappt und glatt gebügelt, damit sie nicht durch den Oberstoff schauen. Gelegentlich wird aber der Saum auch geteilt, die eine Saumhälfte liegt links, die andere rechts. Das fertige Patchwork wird zum Schluß immer auf der Oberseite gebügelt.

Säume zu einer Seite bügeln
1 Fahren Sie mit der Bügeleisenkante am Saum entlang, bis er aufrecht steht.

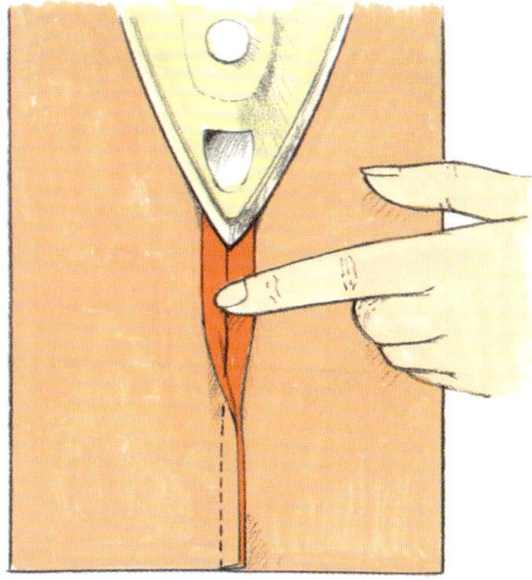

Säume auseinanderbügeln Klappen Sie beim Bügeln beide Saumhälften wie auf der Zeichnung gezeigt um. Der Finger läuft dabei immer kurz vor dem Bügeleisen her. Wenn die Stoffflicken beim Quilten direkt auf eine Unterlage genäht werden („Quilt-as-you-go"), wird der Stoff am besten auf der Kante eines Bügelbretts gebügelt.

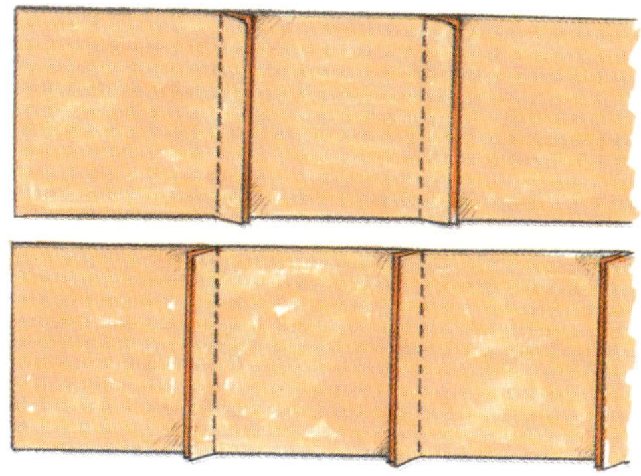

Flicken verbinden
1 Durch das Bügeln liegen die Säume fest an. Wenn Sie die Säume der einzelnen Flickenreihen abwechselnd nach rechts und links umlegen, kann sich das fertige Patchwork nicht verziehen.

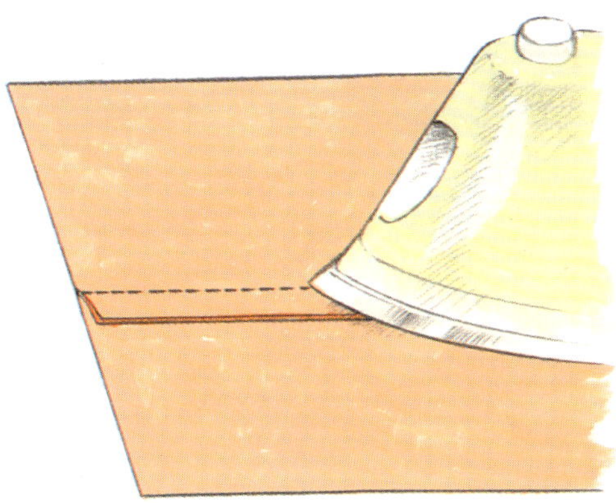

2 Legen Sie den Saum zu einer Seite um und bügeln Sie ihn fest an, so daß eine scharfe Falte entsteht.

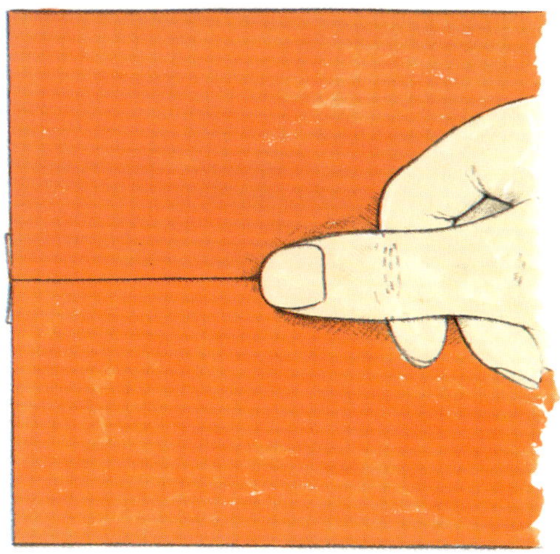

Glätten mit den Fingern Wenn durch Bügeln die Wattierung schmelzen oder plattgedrückt würde, glättet man die Säume nur mit den Fingern: Der Daumennagel wird fest über die Faltkante gezogen.

2 Beim Zusammennähen der einzelnen Flickenreihen liegen die langen Säume dann alle in derselben Richtung.

KANTEN GLÄTTEN

Während des Quiltens und zum Schluß vor dem Einfassen sollten Sie immer wieder nachprüfen, ob die Stoffkanten noch gerade sind. Der Stoff kann sich je nach Qualität und Verarbeitung leicht zusammenziehen, so daß Sie die Kanten etwas ausgleichen müssen. Halten Sie die Ober- und Unterkante gegeneinander. Messen Sie die Stoffbreite und legen Sie an der engsten Stelle eine senkrechte Linie an (mit Hilfe von Rasterfolie oder Winkel und Seifenspan). Diese muß genau rechtwinklig auf der oberen und unteren Stoffkante stehen: Legen Sie ein großes Folienraster an die Linien und markieren Sie den geraden Kantenverlauf – zuerst an der rechten, dann an der linken Stoffkante. Schneiden Sie die Kanten auf der Schneideunterlage mit dem Rollschneider glatt ab.

STOFFRAHMEN

Ob Sie die Stoffstreifen an den Ecken diagonal oder rechtwinklig verbinden, ist abhängig vom Stil des Quilts und persönlichem Geschmack. Wenn das Muster viele diagonale Linien enthält, wirken diagonal gelegte Ecken angenehmer. Rechteckige Anschlüsse sind einfacher auszuführen und verbrauchen etwas weniger Stoff.

Stoffstreifen abmessen Bevor Sie die Stoffstreifen zuschneiden, messen Sie die Länge des Stoffes an allen Kanten sowie durch die Mitte ab. Wenn die Ergebnisse übereinstimmen oder nur ganz leicht variieren, orientieren Sie sich an dem mittleren Maß. Messen Sie nun auch Ober- und Unterkante auf diese Art. Der Stoff „lebt" gewissermaßen, so daß die Kantenlängen hier oft nicht genau identisch sind. Falls Sie große Abweichungen feststellen, versuchen Sie deren Ursache herauszufinden und eventuell zu beheben. Ist dies nicht mehr möglich, wählen Sie die Stoffstreifen für die Umrandung entsprechend breiter oder schmaler. Schneiden Sie nun die Randstreifen entsprechend den ermittelten Maßen zurecht und legen Sie sie nochmals an.

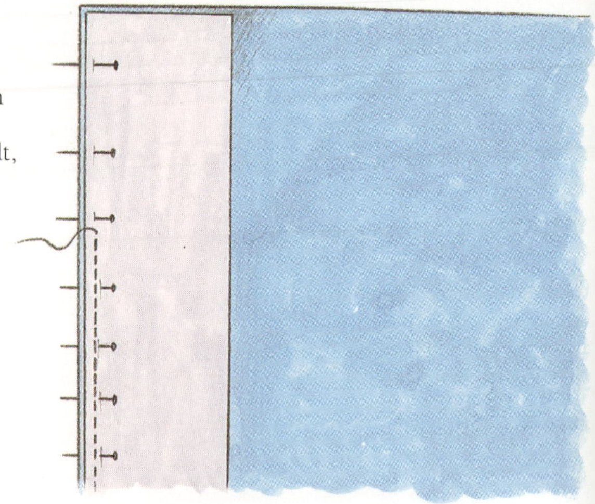

Rechtwinklig angeschnittene Ecken

1 Es ist ökonomischer, die Längsstreifen für die Seiten (Zeichnung links) zuerst zuzuschneiden. Falten Sie die Stoffstreifen zweimal längs zur Hälfte und markieren Sie die 3 Faltkanten mit einer Stecknadel. Wiederholen Sie dies auf dem Quilt, bevor Sie beide Schichten aufeinander legen. Lange Nähte nähen Sie am besten mit dem schmalen Stoffstreifen nach oben. Dadurch haben Sie den Verlauf der Naht besser unter Kontrolle, der Stoff verrutscht nicht so leicht. Auf jeden Fall sollten die Kanten vor dem Nähen mit vielen rechtwinklig zur Stoffkante liegenden Stecknadeln aufeinander gesteckt werden.

2 Messen Sie die Breite des Quilts mitsamt den bereits angenähten Längsstreifen. Schneiden Sie nun auch für Ober- und Unterkante Einfassungsstreifen zurecht und nähen Sie sie an.

3 An den Ecken liegen die Einfassungsstreifen rechtwinklig aufeinander.

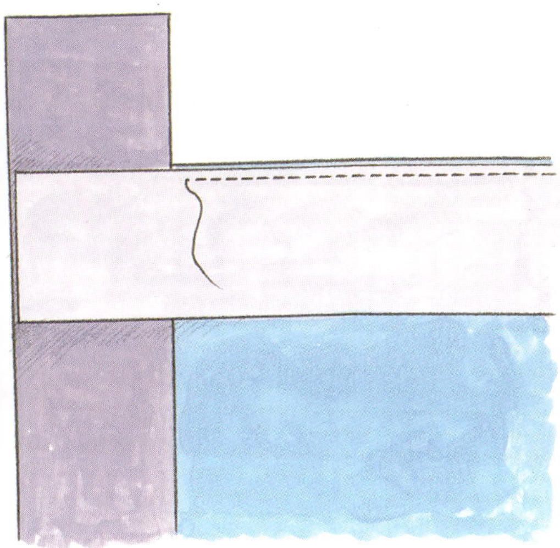

Diagonal verbundene Ecken

1 Messen Sie den Quilt wie oben beschrieben nach. Addieren Sie zur gemessenen Länge zweimal die Breite des Rahmens. Nähen Sie die beiden Seitenstreifen – wie für die einfache Ecke oben beschrieben – an. Die Nähte enden allerdings knapp 8 mm vorm Stoffende. Bügeln. Nun auch an Ober- und Unterkante passend zugeschnittene Rahmenstreifen annähen. Wieder knapp 8 mm vor den Schnittkanten stoppen. Nochmals bügeln.

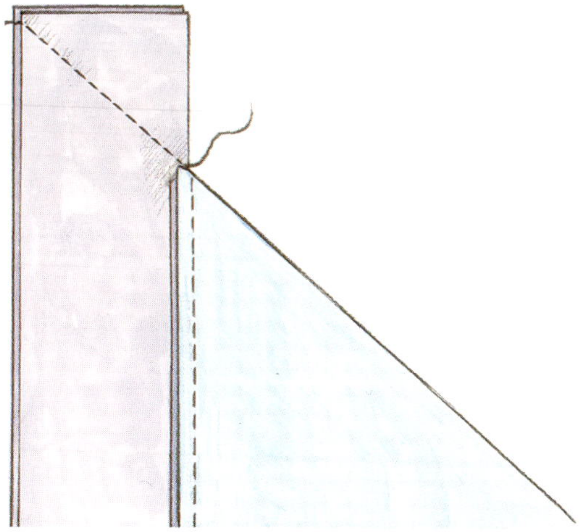

2 Legen Sie den Quilt diagonal zusammen (die Oberseite ist innen), so daß die angenähten Schrägstreifen der Ober- und Seitenkante aufeinander zu liegen kommen. Führen Sie die diagonale Stoffalte auf dem Randstreifen weiter (mit Lineal und weichem Bleistift markieren). Nähen Sie diese Linie mit der Maschine nach. Schneiden Sie den überstehenden Stoffzipfel zu einem knapp 8 mm breiten Saum ab. Bügeln Sie den Saum auseinander.

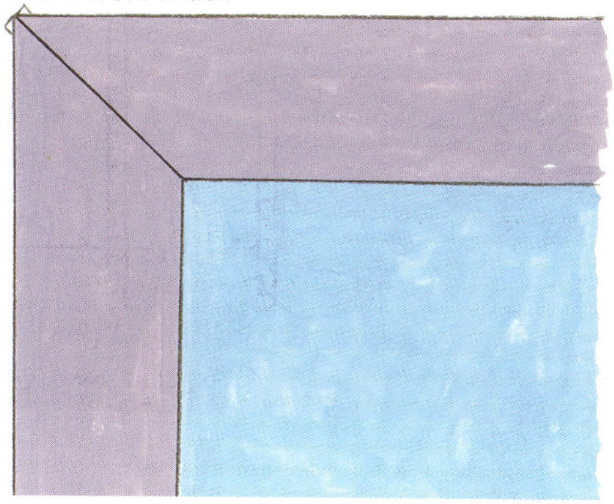

3 Die fertige Ecke sieht besonders professionell aus.

RÜCKENSTOFF ZUSAMMENNÄHEN

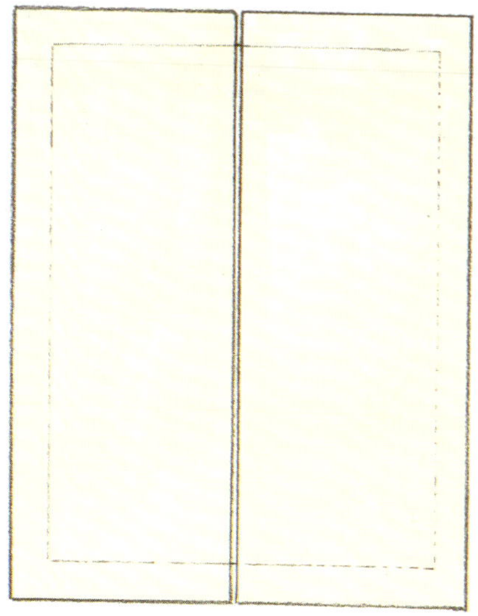

Für die Rückseiten großer Quilts müssen Sie manchmal mehrere Stoffbahnen verbinden. Ob Sie dabei Längs- oder Querbahnen aneinandernähen, hängt von der Stoffbreite ab. Gehen Sie dabei möglichst ökonomisch vor und heben Sie anfallende Stoffreste für später auf. Legen Sie die Nähte möglichst nicht so, daß sie beim Zusammennähen auch noch auf dickere Nahtstellen der Stoffoberseite stoßen.

FÜLLUNG

Wenn der Patchworkstoff für die Oberseite des Quilts fertig ist, werden die Schichten aufeinander gelegt: Rückenstoff, Wattierung und Patchwork. Rücken und Füllung sollten an allen Kanten mindestens 5 cm breiter als die Oberseite sein und müssen eventuell zusätzlich verbunden werden.

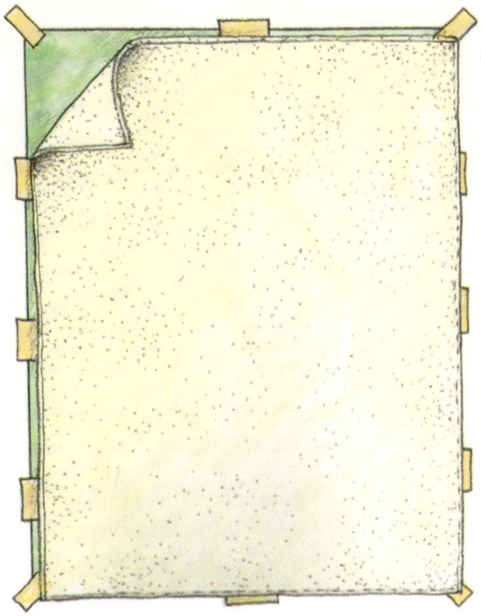

1 Legen Sie den gut gebügelten Rückenstoff mit der Oberseite nach unten auf einen großen ebenen Tisch. Die Stoffkanten liegen parallel zu den Tischkanten. Falls Sie keinen entsprechend großen Tisch haben, den Fußboden benutzen. Ziehen Sie die Stoffbahn ganz glatt und kleben Sie sie mit Kreppband stramm auf die Unterlage. Legen Sie die Wattierung darüber und streichen Sie sie ebenfalls glatt.

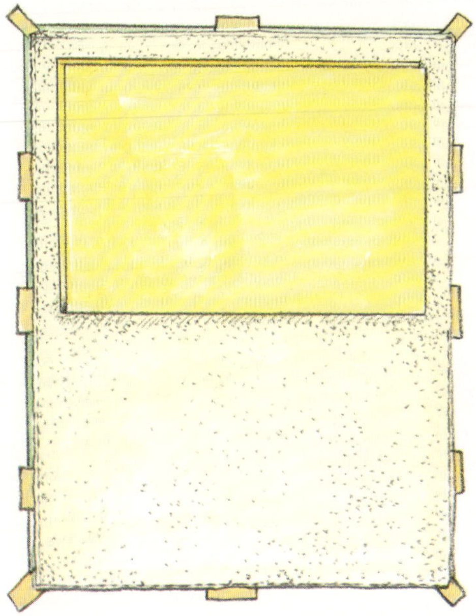

2 Falten Sie den gut gebügelten Oberstoff einmal zusammen (Oberseite innen). Legen sie den Stoff mit der Faltkante genau in der Mitte auf die Wattierung und öffnen Sie ihn wieder. Die hervorschauenden Ränder der Wattierung müssen an allen Seiten gleich breit sein.

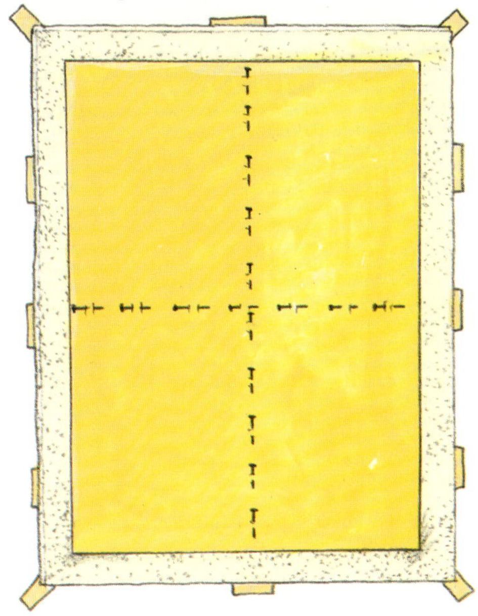

3 Stecken Sie die Mittellinien mit Stecknadeln nach (siehe Seite 105). Stecken Sie je nach Projekt wie in den Anleitungen angegeben weitere Linien. Eventuell heften.

EINFASSUNGEN

Messen und nähen Sie die Stoffstreifen für die Einfassung wie auf Seite 102 beschrieben. Der Ansatz ist bis etwa 5 cm nach innen eingerückt. Dies ist sehr hilfreich, wenn entweder der Vorder- oder Rückenstoff kleiner ist, Sie aber nicht die Größe des Quilts insgesamt verkleinern wollen. Die Einfassung wird in der doppelten benötigten Breite abgeschnitten, dazu kommen 2 cm für die Säume.
Eine einfachere Art von Einfassung ergibt sich, wenn Sie nur den überstehenden Rückenstoff nach vorne umschlagen, zu einem Saum einschlagen und festnähen. Umgekehrt können Sie natürlich auch überstehenden Stoff von der Vorderseite nach hinten einschlagen.

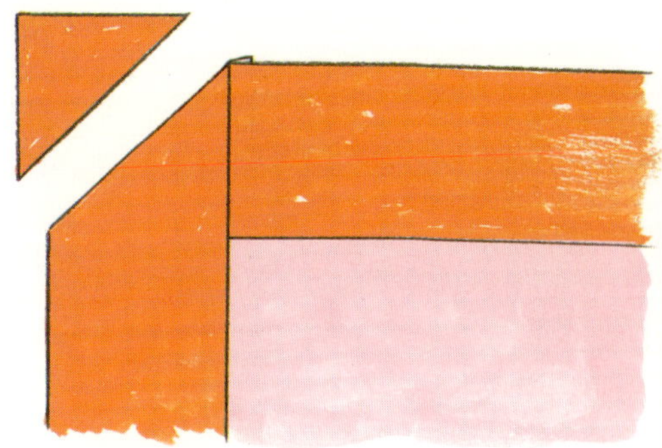

Einfassung nach hinten falten Stoffstreifen für die Einfassung werden meist 3,5-4 cm breit ausgemessen. Nach dem Strecken des Stoffes messen Sie wie für die Umrandungen (siehe Seite 102) den Stoff ab. Rechnen Sie die Saumzugaben dazu und schneiden Sie die Einfassungsstreifen für beide Seiten zu. Stecken Sie sie mit quer zur Naht liegenden Stecknadeln an die Ränder des Quilts (Vorderseiten aufeinander). Nähen Sie die Säume knapp 8 mm breit. Pressen Sie sie mit den Fingern glatt. Bringen Sie auf dieselbe Art auch an Ober- und Unterkante Einfassungsstreifen an.

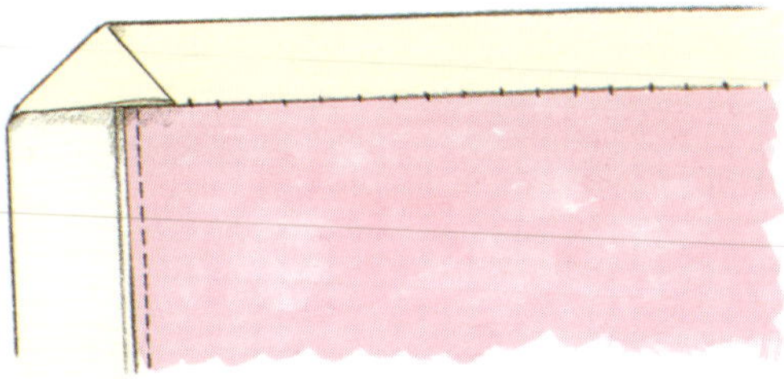

Rechteckig liegende Ecken
1 Schlagen Sie eine Stoffkante ein, falten Sie sie auf die Rückseite, stecken Sie sie und nähen Sie den Saum an.

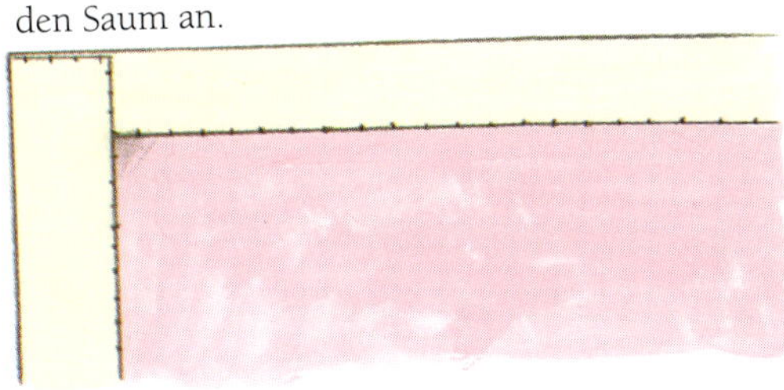

2 Schlagen Sie die zweite Stoffkante genauso um, bilden Sie wie auf dem Bild eine rechteckig liegende Ecke und nähen Sie diese fest.

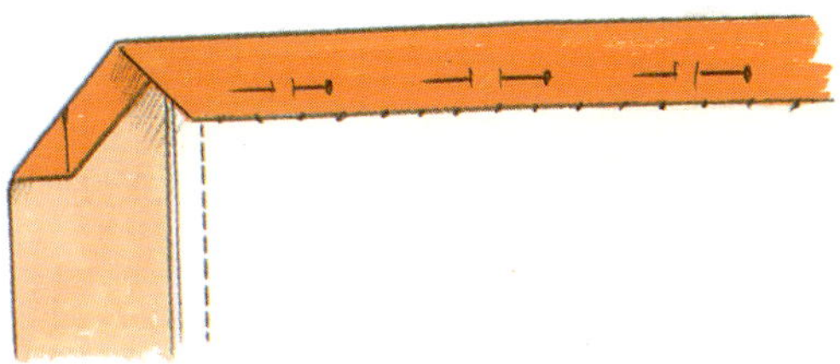

Diagonal liegende Ecken
1 Klappen Sie an einer Seite den Einfassungsstreifen auf die Rückseite. Feststecken. Falten Sie die Ecke wie auf der Zeichnung ein und nähen Sie die Kante fest.

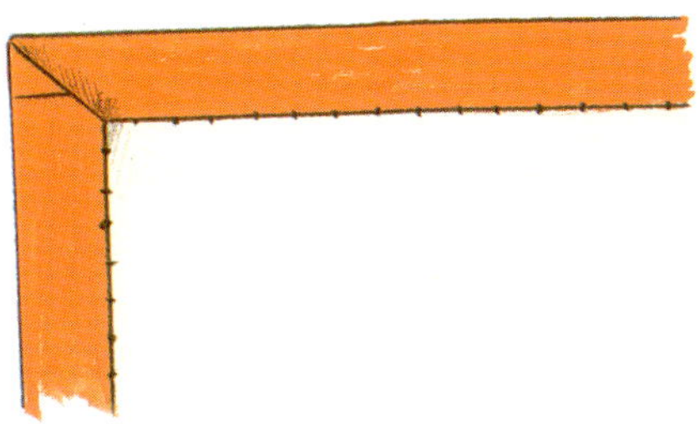

2 Legen Sie den zweiten Einfassungsstreifen um, so daß beide Streifen an der Ecke diagonal aneinander stoßen. Stecken und Festnähen.

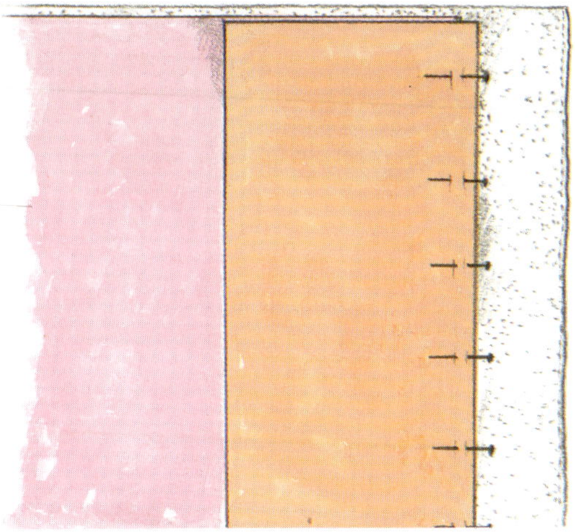

Breite Einfassungen Breite Stoffstreifen sind angebracht, wenn Sie einen Quilt um bis zu 5 cm auf jeder Seite vergrößern wollen. Sie helfen auch, wenn Sie eine kleinere Vorder- oder Rückseite an die Endgröße anpassen möchten.
Messen Sie den Umfang des Quilts. Schneiden Sie Stoffstreifen in doppelter gewünschter Einfassungsbreite zu, dazu kommen 2 cm für den Saum. Stecken Sie den Streifen mit quer zur Kante sitzenden Nadeln (den angegebenen Abstand zur Außenkante beachten!) am Stoff fest. Anschließend nähen und mit den Fingern glätten. Messen und schneiden Sie auf dieselbe Weise Streifen für die Ober- und Unterkante zurecht. Festnähen, auf die Rückseite umschlagen und Säume wie gewohnt annähen.

STECKEN

Zum Zusammenstecken der verschiedenen Lagen sollten Sie besonders dünne, lange Stecknadeln verwenden. Ob Sie die Nadeln längs oder quer zu den späteren Nähten anbringen, ist reine Geschmackssache.
Gelegentlich sticht man sich bei der Arbeit in den Finger und ein kleiner Blutstropfen gelangt auf den Stoff. Reißen Sie etwas Baumwollgarn von der Spule, knüllen Sie es und kauen Sie es zu einer feuchten Kugel. Rollen Sie diese vorsichtig über die rote Stelle, verwenden Sie eventuell noch eine zweite Kugel. Trocknen lassen. Der Fleck ist weg!

STEPPLINIEN VORZEICHNEN

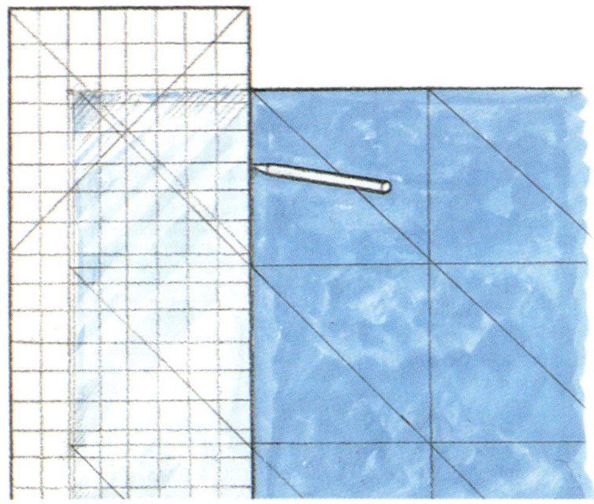

Die Stepplinien werden auf dem fertig genähten und gebügelten Stoff markiert, bevor er mit der Füllung und dem Rückenstoff zusammen gelegt wird. Auf dunklen Oberflächen ergibt ein Seifenspan brauchbare Linien, die mit einem feuchten Tuch leicht zu entfernen sind. Für helle Stoffe eignen sich spezielle Stoffstifte, die wie feine Bleistifte aussehen. Verwenden Sie niemals Kugelschreiber. Wasserlösliche Stoffmarker probieren Sie zuerst aus. Überbügeln Sie keinesfalls die Linien, sonst bleiben sie immer sichtbar.
Auch Kreppband kann, genau zugeschnitten, als Markierung verwendet werden, doch es verschmutzt beim Steppen leicht die Nähnadel. Lassen Sie klebende Teile nie über Nacht auf dem Stoff oder in der Sonne. Der Stoff kann sonst dauerhaft verschmutzt werden. Das Steppmuster läßt sich auch auf dünnes Papier aufzeichnen. Auf den Stoff legen, nachnähen und Papier nach dem Nähen einfach wegreißen.

MASCHINENSTEPPEN

Vor dem Steppen sollten Sie alle Flusen unter dem Maschinenfuß entfernen und die beweglichen Teile nach Herstelleranleitung ölen. Stellen Sie die Stiche etwas länger als normal ein (außer bei Nylonfaden). Füllen Sie in die untere Spule das gleiche Garn wie oben (es muß nicht dieselbe Farbe haben). Stellen Sie in Ruhe die richtige Fadenspannung für Ober- und Unterfaden ein. Steppen Sie zunächst probehalber ein Abfallstück – genau dieselben Schichten wie beim Quilt –, um ein Gefühl für das Material zu bekommen. Wenn der Unterfaden durchschaut, erhöhen Sie die obere Fadenspannung (oder lockern die untere).

Setzen Sie sich bei der Arbeit möglichst bequem. Die Maschine steht rechts, damit der Stoff links und hinten genügend Platz hat. Stellen Sie links eventuell einen zweiten Tisch direkt anschließend auf. Die Nadel steht genau vor Ihnen. Wenn die Fadenspannung verstellt werden muß, ist dies bei den Anleitungen genau angegeben.

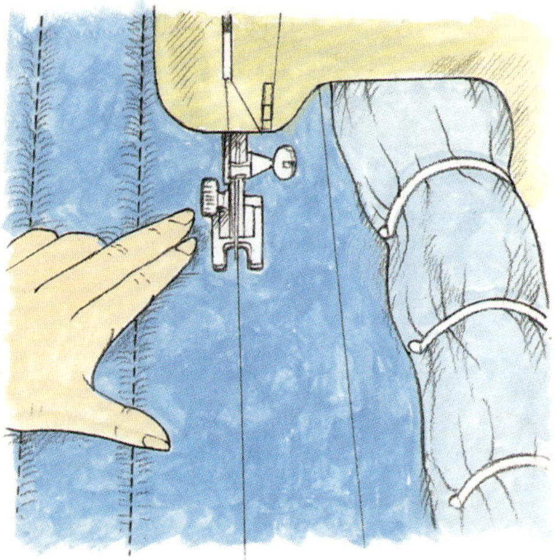

Steppen Damit die Stoffmasse sich ohne Schwierigkeiten durch die Maschine ziehen läßt, wird sie sauber aufgerollt. Schwere Stoffe werden mit Fahrradklammern (oder ähnlich zurechtgebogenen Stücken von Drahtkleiderbügeln) zusammengehalten.

Arbeiten Sie von der Mitte nach außen auf der nicht zusammengerollten Stoffhälfte. Dann umdrehen und die andere Seite bearbeiten. Am Anfang hängen Sie sich das lange Stoffende über die Schulter, damit nichts in die Naht geraten kann. Beginnen Sie jede Naht mit einigen sehr kurzen festen Stichen. Die weiteren Stiche sind dann etwa 3 mm lang. Lassen Sie den Fuß gleichmäßig durch den Stoff gleiten, ohne anzuziehen. Mit Zeige- und Mittelfingern ziehen Sie den Stoff glatt. Dabei werden gleichzeitig alle 3 Stoffschichten aufeinander gehalten.

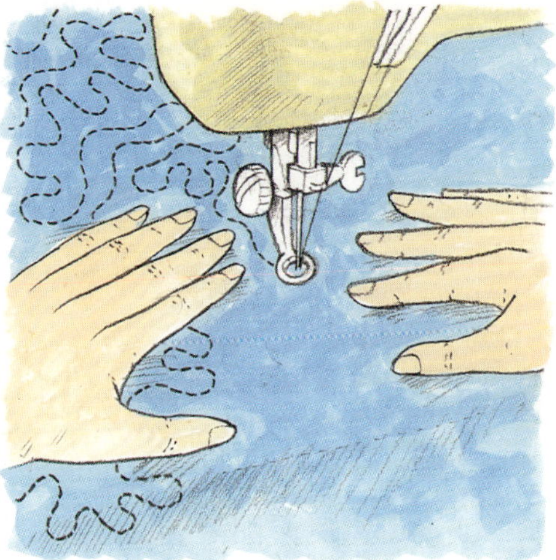

Freies Steppen Zum Steppen von komplizierten Linien verwenden Sie einen runden Spezialfuß wie oben zu sehen. Da er den Stoff nicht automatisch weiter zieht, muß dieser bei jedem Stich mit den Händen weitergeschoben werden. Halten Sie den Stoff mit gespreizten Fingern zu beiden Seiten der Nadel fest auf dem Untergrund. Die Stichgröße hängt davon ab, wie schnell der Motor läuft und wie schnell Sie den Stoff schieben. Arbeiten Sie möglichst in fortlaufenden Linien, damit Sie nicht zu oft neu ansetzen müssen.

Die Zacken der Laufschiene werden nach unten gestellt oder überdeckt.

Ober- und Unterfaden sollten dieselbe Stärke haben. Eventuell müssen Sie die Schraube an der Spule für den Unterfaden anziehen. Legen Sie den Quilt unter den Fuß. Senken Sie den Fuß.

Machen Sie einen Stich, wo die Stepplinie anfangen soll, und ziehen Sie den Unterfaden nach oben. Halten Sie beide Fäden fest, während Sie 2-3 sehr kleine Stiche machen, bevor Sie mit größeren fortfahren (Länge etwa 3 mm).

Bei ziemlich hoher Nähgeschwindigkeit „malen" Sie die Linien mit der Nadel auf den Stoff.

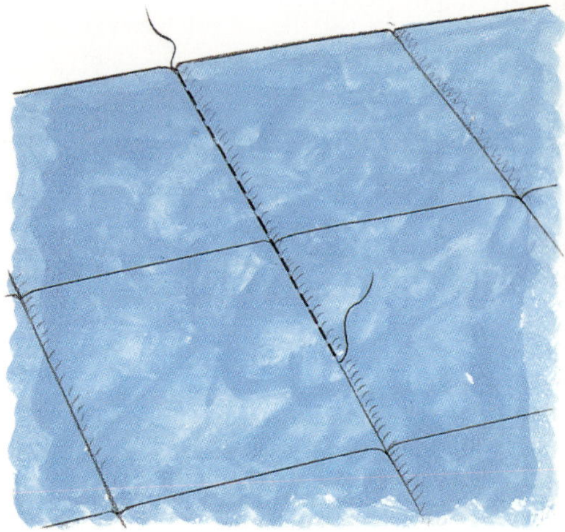

Verdeckte Steppnähte Mit geraden Nähten befestigen Sie zunächst die Stoffschichten aufeinander, bevor Sie mit dem freien Steppen beginnen. Etwas „versteckte" Nähte sind sinnvoll, wo die geraden Linien das sonstige Muster stören würden. Nähen Sie mit dem normalen Fuß die Verbindungslinien zwischen 2 Stoffteilen nach, wobei Sie den Stoff leicht auseinanderziehen. Die Naht verschwindet fast in der Rille.

NAHTENDE Am Ende einer Naht drehen Sie den Quilt auf die Rückseite. Ziehen Sie das Fadenende des auf der Rückseite liegenden Fadens fest an, so daß eine Schlinge des Vorderfadens sichtbar wird. Ziehen Sie diese mit einer Nadel auf die Rückseite. Schlingen Sie mit beiden Fäden einen Doppelknoten. Ziehen Sie beide Fadenenden durch das Öhr einer langen Sticknadel und nähen Sie sie damit in den Füllstoff ein (die Nadelspitze kommt etwa 2,5 cm von der Einstichstelle am Knoten entfernt wieder an die Oberfläche). Schneiden Sie die Fadenenden ab. Bitte darauf achten, daß die Stoffoberseite nicht mit eingenäht wird.

ECKEN NÄHEN

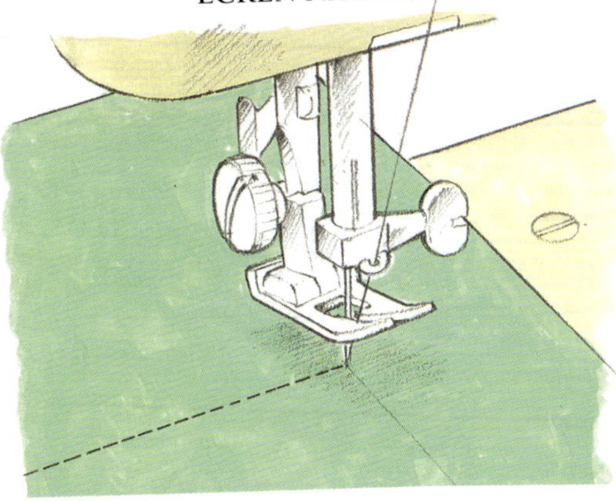

Um eine genau rechtwinklige, saubere Ecke zu nähen, lassen Sie die Nadel stecken, wenn Sie den Fuß anheben. Drehen Sie den Stoff dabei um 90 Grad, lassen Sie den Fuß wieder herunter und nähen Sie weiter.

ZIERKNOTEN

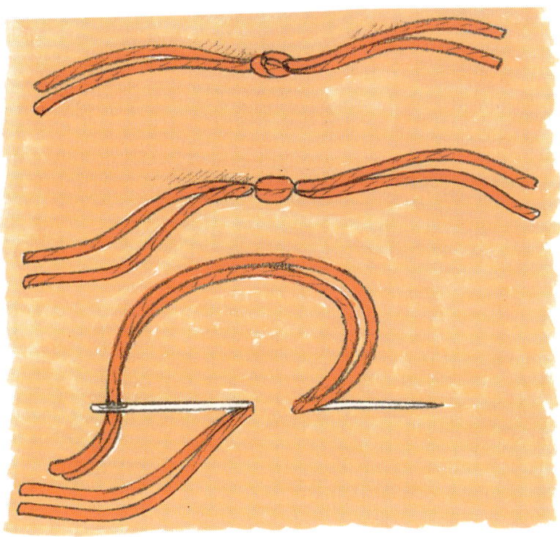

Zierknoten werden oft an den Nahtenden angebracht, aber auch zur Zierde für sich allein gesetzt. Sie können auf der Vorder- oder Rückseite des Quilts liegen. Verwenden Sie immer festes Baumwollgarn, das sich nicht aufdrillt, am besten mehrfach verzwirnt. Fädeln Sie 2 Fäden in die Nadel, machen Sie damit einen Doppelstich (2 x durch dieselbe Stelle). Die Fadenenden liegen auf der Vorderseite. Verknoten Sie beide Enden mit einem Doppelknoten und schneiden Sie die Enden auf die gewünschte Länge.

DURCHZUG FÜR WANDBEHÄNGE

Quilts, die als Wandschmuck verwendet werden sollen, benötigen zum Aufhängen eine Verstärkung mit Durchzug an der Oberkante. Schneiden Sie einen Stoffstreifen, etwa 11 cm breit, in der Länge der Quilt-Oberkante zurecht. Schlagen Sie an beiden Schmalseiten einen Saum ein, ebenso an einer der Längskanten. Beim Umschlagen und Festnähen der oberen Einfassung nähen Sie die Verstärkung mit der nicht eingeschlagenen Längsseite direkt mit ein. Die andere Längsseite des Streifens nähen Sie sauber auf den Rückenstoff auf. Der Durchzug sollte so breit sein, daß eine Leiste zum Aufhängen locker hindurch paßt.

RAHMEN FÜR SEIDENMALEREI

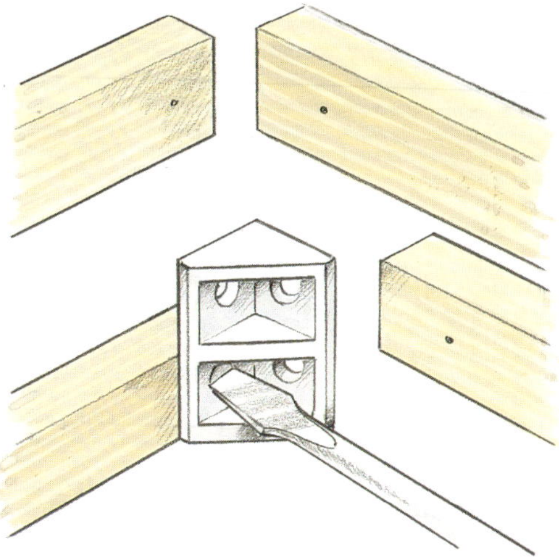

1 Schneiden Sie 2 je 9 x 20 mm dicke Holzlatten mit 33 cm Länge und 2 weitere mit 66 cm Länge zurecht. Schmirgeln Sie die Oberfläche mit feinem Sandpapier ab. Legen Sie die 4 Leisten rechtwinklig zusammen und markieren Sie die Stellen für die Schrauben für die Eck-Halter aus Plastik. Bohren Sie Löcher vor und schrauben Sie die ersten beiden Latten zusammen.

2 Halten Sie die nächste Latte wieder rechtwinklig an und schrauben Sie die zweite Ecke fest. Befestigen Sie alle Ecken auf diese Art. Beim Aufspannen der Seide verhindern die „Füße", daß Gutta oder Farbe auf der Unterlage festkleben.

Danksagung

Wir bedanken uns bei folgenden Personen für ihre großzügige Hilfe
beim Erstellen der Quilts und für wertvolle Tips:

Ruth Jarman, Pat Taylor, June Barnes, Carolyn Forster, Jan Hale, Leslie Morgan, Caroline Brown,
Shirley Bartlett, Jenny Rayment, Lynne Edwards.

An der Gestaltung des Buches waren außerdem beteiligt:

Robert Claxton, Steve Tanner und seine Assistentin Mary, Pamela Westland,
Adèle Hayward, Stonecastle Graphics, John Hutchinson, Tim Jefferson
sowie viele Bekannte, die mit Requisiten behilflich waren.

Für die freundliche Überlassung von Material bedanken wir uns bei:
Avant Garden, London; A Barnful of Brass Beds, Sawtry, Cambridgeshire;
Debenhams, London; Deptich Designs, London; The Oriental Rug Company, Herts;
Staks Trading Ltd., Kingston-upon-Thames.

Herausgeber: Jo Finnis

Adèle Hayward

Design: Stonecastle Graphics Ltd

Fotografien: Steve Tanner

Fotografische Leitung: Stonecastle Graphics Ltd

Illustrationen: John Hutchinson

Herstellung: Ruth Arthur; Neil Randles; Paul Randles;
Karen Staff; Jonathan Tickner

Produktionsdirektor: Gerald Hughes